सूर्यास्त के पहले तथा अन्य नाटक

सूर्यास्त के पहले तथा अन्य नाटक

मृदुला बिहारी

वाणी प्रकाशन

वाणी प्रकाशन
4695, 21-ए, दरियागंज, नयी दिल्ली 110 002
शाखा
अशोक राजपथ, पटना 800 004
फ़ोन: +91 11 23273167 फ़ैक्स: +91 11 23275710
www.vaniprakashan.in
vaniprakashan@gmail.com
SURYAST KE PAHLE TATHA ANYA NATAK
by Mridula Bihari
ISBN : 81-7055-484-5
Play

प्रथम संस्करण 1996
आवृत्ति 2013
मूल्य : ₹ 250

न्यू कृष्णा ऑफ़सेट, दिल्ली-110 093 में मुद्रित
वाणी प्रकाशन का लोगो मक़बूल फ़िदा हुसेन की कूची से

आदित्य एवं अनुराधा को

भूमिका

अपने नाटक के बारे में एक लेखिका का क्या वक्तव्य हो सकता है? यह काम कठिन है। वास्तव में ये नाटक एक मन:स्थिति का सत्य है, एक दौड़ती लहर का गतिचित्र।

मेरे नाटकों का स्रोत मेरे ही भीतर है। मेरे गहरे अंतस्तल में एक निर्जन द्वीप है। इस द्वीप का आकाश अनन्त है और यहाँ रोशनी है। भीतर-ही-भीतर एक आदि स्रोत भरता रहता है यहाँ। इन सारी कथाओं का उद्गम यहीं है, यहीं से भावनाएँ निकलती हैं। सर्जनात्मक स्फूर्ति अपने समग्र रूप में इसी समग्र द्वीप से आती है। लेकिन यह बाहर से विमुख नहीं है। वह रास्ते की खोज में भीतर चला गया है। वास्तविकता के संसार के अंदर कल्पना का एक समानांतर संसार बनता चला जाता है जो इस संसार से संबद्ध भी है और साथ-साथ स्वायत्त भी है। यह अपनी निजता में स्वाधीन है। यहाँ कोई कानून नहीं होता, किसी का प्रतिबन्ध नहीं होता, पर वहाँ अंत:करण होता है, संस्कार होता है और संस्कारों का दबाव होता है। अक्सर ऐसे अवसर आते हैं जब ये संस्कार मेरी कलम रोकते हैं या मेरी अबाध अभिव्यक्ति के आड़े आते हैं। दरअसल संस्कृति हमको इतना गहरा ढालती है कि हमारे विचार और आचरण पर अपनी छाप छोड़ देती है। हम बदल भी जाएँ पर इनको बदलना कठिन होता है। अन्ततोगत्वा अन्तर्द्वन्द्व का प्रश्न अपने स्व के सामने आकर ठहर जाता है। तब इनको मैं कहाँ तक तोड़ पाती हूँ यह उस कथ्य की मूल दृष्टि पर निर्भर करता है।

मुझे अपने नाटक के लिए बीज कहीं से भी मिल जाते हैं, अध्ययन से, अनुभव से, आस-पास के जीवन से, संपर्क में आये व्यक्तियों से या समाज को उद्वेलित कर रहे प्रश्नों से; किन्तु ये सब केवल बीज दे सकते हैं, पूरा नाटक नहीं। नाटक तो बनाना पड़ता है। मेरे सृजन की एक प्रक्रिया है जिसके अपने नियम और अनुशासन हैं।

यहाँ दिये गये लगभग सभी नाटकों के केन्द्र में नारी है। नारी की अपनी दुनिया है, अपनी जीवन-स्थितियाँ हैं, अपनी दृष्टि है। इनकी समस्याएँ पुरुषों की समस्याओं से भिन्न हैं। इनकी संवेदना, व्यवहार, दृष्टि, ज्ञान और कर्म के अपने क्षेत्र हैं। मूल्यों और समाज व्यवस्था के बीच नारी का जीवन, मन, विचार विभिन्न स्तरों पर आहत होते हैं। मेरे नाटकों के मुख्य पात्र के व्यक्तित्व में एक बेचैनी होती है—कुछ करने की, कुछ पाने की, कुछ होने की, कुछ बदलने की बेचैनी। वे जहाँ अपने को देखना चाह रही हैं वहाँ नहीं देख पा रही हैं। वे परिस्थितियों के बीच भँवर में फँस जाती हैं। उनकी नियति एक सरल भारतीय औरत की नियति है। उनके सामने आत्म-साक्षात्कार के क्षण आते हैं, पर ये क्षण आसानी से नहीं आते, भय, पीड़ा, असुरक्षा की भावना, अकेलापन, अनेक स्थितियों से गुजरने के बाद ये क्षण आते हैं।

दुनिया में हर चीज परिवर्तनशील है। यह सृष्टि का नियम है। व्यक्ति को हर 'कल' बदल देता है। जो बात इस क्षण नहीं सोची जा सकती वह अगले क्षण सोची जा सकती है। नाटक एक गतिशील कला है। इसमें प्रारम्भ से अन्त तक एक गति बनी रहती है। गतिशीलता के फलस्वरूप स्थितियाँ बदलती हैं, पात्रों की प्रतिक्रियाएँ बदलती हैं, संवाद बदलते हैं, संवाद के टोन बदलते हैं। मेरे पात्र, स्थितियाँ और संवाद भी अन्त तक जाते-जाते बदल जाते हैं।

नाटक के सभी पात्रों के साथ मेरा एक भावनात्मक रिश्ता होता है। रचना प्रक्रिया प्रारंभ होने के बाद धीरे-धीरे ये पात्र अपना स्वतंत्र व्यक्तित्व ग्रहण कर लेते हैं और अपनी परिस्थितियों के बीच अपने चरित्र के अनुसार आचरण करने लगते हैं। इन सभी पात्रों की मूल प्रवृत्तियों, संस्कारों, चरित्रगत दुर्बलताओं और विशेषताओं को मैं पूरी तरह जानती हूँ। मेरे नाटकों का अन्त होता है, लेकिन इनके जीवन का नहीं, मेरे पात्र नाटक समाप्त होने के बाद भी जीते रहते हैं।

कुछ लोग ऐसे भी होते हैं जो नाटक में लेखिका को ढूँढ़ते हैं। उनसे मेरा यह निवेदन है कि जिस तरह नाटकों की घटनाएँ कल्पित हैं उसी तरह पात्र भी। संभव है ऐसे पात्र संसार में हों, पर कल्पित और यथार्थ व्यक्तियों में एक अन्तर होगा ही, जो अन्तर ईश्वर और ईश्वर के बनाये मनुष्य की सृष्टि में होना चाहिए। मैं ऐसे चरित्रों को गढ़ने की कोशिश करती हूँ जिन्हें देखकर लगे कि इनके अस्तित्व हैं।

भाषा मेरा उपकरण है। भाषा नाटक की सम्पूर्ण प्रक्रिया को स्वरूप प्रदान करती है। शब्द साधना लेखन शैली का मुख्य तत्त्व है। शब्द की शक्ति अपार है। शब्दों के माध्यम से ही मैं संवेदना के सूक्ष्म बिंदुओं तक पहुँचती हूँ। ये संवाद

पात्रों के जीवन से जन्म लेते हैं। संवेदना और भाषा का बहुत गहरा रिश्ता है। इन नाटकों में संवाद आन्तरिक उद्वेलन की परिणति के रूप में आते हैं। नाटक की भाषा की विशेषता है कि यह प्रत्यक्षत: लिखित होकर भी मूलत: उच्चरित होती है। मैं नाटक में शब्दों के प्रति मितव्ययी हूँ। शब्दों का खर्चीला इस्तेमाल नहीं करती।

यों रेडियो नाटक में व्यावहारिक दृष्टि से वेशभूषा, प्रकाश, दृश्य योजना आदि के अनेकानेक साधनों की समस्या नहीं होती, लेकिन रेडियो नाटक की अपनी सीमा है। रेडियो नाटक दृश्य, कार्य व्यापार अथवा आंगिक अभिनय का उपयोग भावाभिव्यक्ति के लिए नहीं कर सकता, यहाँ सारी सूचना शब्दों के द्वारा दी जाती है। शब्दों के माध्यम से ही परिवेश, पात्र और काल का चित्र प्रस्तुत करना पड़ता है। रेडियो नाटक श्रव्य है और ध्वनि ही इसका आधार है इसलिए आलेख सर्वाधिक महत्त्वपूर्ण तत्त्व है।

मुझे लगता है नाटक की प्राथमिक शर्त अच्छा लेखन ही है। दुनिया का कोई भी श्रेष्ठ नाटककार अपनी भाषा को जीवंत रखने की वजह से ही श्रेष्ठ बनता है।

प्रत्येक नाटक लिखने से पहले मैं अपनी भाषा को अपनी आवश्यकतानुसार कुम्हार की मिट्टी की तरह हर बार नई तरह से तैयार करती हूँ। मैं चाहती हूँ कि मेरे कथ्य सहज ही सुनने वालों तक सम्प्रेषित हो जाएँ। मैंने लिखते समय यह भी महसूस किया है कि भले ही सारी भाषाएँ अलग-अलग हों; स्थानीय जीवन की विशिष्टताएँ अलग-अलग हों, लेकिन साहित्य से, संस्कृति की दृष्टि से हम एक हैं। सब जगह भारतीयता का रंग है।

शब्दों की यात्रा में बहुत बार बहुत कुछ अनकहे भी कह दिया जाता है। ये अनकही बातें शब्दों के साथ-साथ चलती हैं और बिना कुछ कहे ही अपना अर्थ ध्वनित कर देती हैं। जहाँ शब्द चूक जाते हैं, निरर्थक हो जाते हैं, वहाँ मौन सब कह देता है।

मैंने इन नाटकों में कहीं जान-बूझकर दार्शनिक होने की कोशिश नहीं की, न ही सिद्धान्त बघारने की कोशिश की। मैंने कोई मुद्रा भी अख्तियार नहीं की। ये नाटक तो हृदय की अनुभूतियों के प्रतिफल हैं इसलिए इनका प्रतिपादन सीधे और सरल ढंग से हुआ है। समाज के साथ एक जीवंत रिश्ते के कारण कहीं अध्यात्म, कहीं दर्शन आ गया हो तो अलग बात है। शायद मैं जीवन को उस मानवीय बिंदु से देखती हूँ जहाँ से सहानुभूति की किरण नजर आती है।

मेरे लिखने की कोई पद्धति नहीं है। मेरे लिखने की यात्रा भावों, विचारों और अनुभूतियों से शुरू होती है। चलना शुरू करने के बाद स्वयं मार्ग बनता

जाता है। यहाँ अतीत, वर्तमान, भविष्य निरन्तर एक साथ चलते हैं। साहित्य और नाटक के सामान्य उद्देश्य से मेरे रेडियो नाटकों के उद्देश्य भिन्न नहीं हैं। सभी साहित्य रूपों का पहला उद्देश्य पाठकों, दर्शकों एवं श्रोताओं को आनन्द देना होता है। आनन्द न मिले तो कोई नाटक क्यों देखे ? क्यों सुने ? नाट्यशास्त्र में भरत मुनि ने कहा है कि नाटक में जो कुछ कहा, किया, दिखाया जाता है उसका प्राण रस है। रस के बिना नाटक नाटक नहीं है। लेकिन केवल आनन्द या मनोरंजन ही मेरे नाटकों का अंतिम उद्देश्य नहीं है—उसके आगे कोई आकांक्षा या आदर्श है। अपने श्रोताओं को व्यापक सामाजिक परिवेश से जोड़ना, उनकी समस्याओं से परिचित कराना, उनके समाधान के लिए चिन्तित होना तथा उनको जीवन-दृष्टि देना ही मेरा उद्देश्य होता है। ये नाटक केवल नाटक के लिए नहीं हैं, ये नाटक यथार्थ के लिए भी नहीं हैं। ये नाटक यह बताने के लिए हैं कि जो यथार्थ है वह क्या है ? ये जीवन से जुड़े जीवन-विषयक नाटक हैं। ये अपने देश और काल की सारी मान्यताओं, अवधारणाओं और आस्थाओं को लेकर लिखे गए हैं।

मेरे भीतर एक सामाजिक प्रतिबद्धता है और वह प्राकृतिक है। मैं लिखने के समय भले ही अकेली होऊँ पर रचना दूसरों के सामने आते ही एक सामाजिक प्रक्रिया हो जाती है। मुझे लगता है नाटक प्रसारित होते ही एक अलिखित अनुबन्ध लेखक और श्रोताओं के बीच हो जाता है, जो प्रत्येक श्रोता को लेखक से यह पूछने का अधिकार दे देता है कि आपने यह क्यों लिखा ? किसके लिए लिखा ? आप क्या कहना चाहती हैं ? इसलिए एक विशेष अनुशासन अपेक्षित है। मेरे अपने लेखन का मानदंड जहाँ दूसरों की पसन्द है वहाँ अपनी निजी ईमानदारी भी है। मेरे नाटकों को श्रोताओं ने सराहा है। मेरे अंदर की शक्ति मुझे नई कृतियों के लिए प्रेरित करती है।

नाटक एक सामूहिक प्रयास है। सबके सहयोग और साझेदारी से ही एक नाटक सफल हो सकता है। एक नाटक में निर्देशक, अभिनेता, अभिनेत्री अथवा लेखक का अलग अस्तित्व नहीं रह जाता। सब मिलकर एक हो जाते हैं। सभी तत्त्व भिन्न होते हुए भी एक हैं क्योंकि सम्पूर्णता में केन्द्रीय चेतना एक ही है। किसी भी सफल नाट्य कृति के लिए अपेक्षित विशेषताओं का रेडियो नाटक में भी होना जरूरी है। लेकिन हर विधा की अपनी मर्यादा होती है। उनसे जुड़ी शर्तें होती हैं। मैं उन शर्तों को पहले स्वीकार करती हूँ। रेडियो अभिव्यक्ति का अत्यंत निकट का साधन है। इसमें संभावनाएँ बहुत हैं। यहाँ अच्छे नाटकों की माँग सदा बनी रहेगी।

निर्देशक के हाथ में स्क्रिप्ट देने के बाद उस पर विचार करने के लिए मैंने सदैव अपने को तैयार रखा। बातचीत से बहुत बार नये आयाम भी मिलते

हैं। परिवर्तन का जहाँ तक प्रश्न है यदि परिवर्तन मुझे जँचता है तो मुझे कोई परेशानी नहीं होती। मैं उन सबकी कृतज्ञ हूँ जिन्होंने प्रत्यक्ष एवं परोक्ष रूप से इन नाटकों को सफल बनाने में अपना योगदान दिया है।

इस पुस्तक को मैं आपको सौंपती हूँ।

सी 633-सौम्य मार्ग
गांधी नगर,
जयपुर

मृदुला बिहारी

क्रम

सूर्यास्त के पहले

पात्र-परिचय

भगवती : माँ, वृद्धा औरत
दीनदयाल : पिता, वृद्ध आदमी
गौतम : भगवती-दीनदयाल का पुत्र
कुन्दन : दीनदयाल का रिश्तेदार युवक
राहुल : गौतम का मित्र
शिखा : .हल पड़ोस में रहने वाली एक लड़की

दीनदयाल : अभी तक कुन्दन नहीं आया, आखिर हुआ क्या? कहा था कि चार बजे आऊँगा और आपको डॉक्टर मित्तल के पास ले जाऊँगा···।

भगवती : आप भी नासमझ हैं।

दीनदयाल : क्यों ? नासमझी की कौन-सी बात है ?

भगवती : अरे वो केवल बातें बनाता है···करेगा-धरेगा कुछ नहीं। (ठण्डी साँस लेकर) अपना ही बेटा जब सात-समन्दर पार जा बसा तो दूसरों पर कितना भरोसा ? (ठहरकर) आपने ही उसे बाहर भेजा कि विदेश-पलट आदमी का रुतबा···

दीनदयाल : खामखाह जी छोटा करती हो ! अरे बच्चे हैं, बड़े होंगे तो बाहर जाएँगे ही न ! और गौतम विदेश में है, ज्ञान-साधना कर रहा है··· हमारा मोह उसकी उन्नति में बाधक तो नहीं होना चाहिए।

भगवती : दोनों बेटियाँ अपने-अपने घरों की हुईं, हम बूढ़े···

दीनदयाल : (हँसकर) हम दीर्घ जीवी तो होना चाहते हैं, पर बूढ़े नहीं···

भगवती : (अनसुनाकर) कैसा सन्नाटा छा जाता है इस वक्त यहाँ···केवल कबूतरों की फड़-फड़ होती रहती है। कमली बता रही थी कि ठाकुर साहब के पोता हुआ है···न न्यौता आया न किसी को आते-जाते

देखा। यही हवेली थी। इनके जगदीश हुआ था, चबूतरे पर छिड़काव करके जाजम कालीन बिछी थी, पड़ोस के लोग और दूर-दराज के मेहमान जमा हुए थे···खाना-पीना, देना-बाँटना··· सब खतम हो गया···

दीनदयाल : अब तो ये बातें बहुत पुरानी हो गईं···देखो न, पाँच बज के दस मिनट हो गए, आया नहीं कुन्दन···डॉक्टर मित्तल तो छः बजे तक बैठते हैं···उनके क्लिनिक में जाने में ही आध-पौन घण्टे लग जाते हैं···

भगवती : मैं कहती हूँ एक बार हो आइए दिल्ली, मुकुल बड़ा डॉक्टर है, किसी अच्छे डाक्टर से दिखा देगा, कितना निहोरा करके लिखा है, फूफा यहीं आ जाइए इलाज हो जाएगा···

दीनदयाल : मुकुल को क्या डॉक्टरी आती है ?

भगवती : मेरे घरवालों को तो आप बराबर बेवकूफ पोंगापंथी और न जाने क्या-क्या कहते रहते हैं···

दीनदयाल : (बिगड़कर) ओफ ! भगवान के लिए चुप रहो···।

भगवती : बिना बात के बिगड़ जाते हैं···

दीनदयाल : बात ही ऐसी करती हो···दिल्ली जाना क्या···

भगवती : हाँ, हाँ, आप मुझ पर ही तो बिगड़ेंगे, मैं रात-दिन आपके भले के लिए सोचती हूँ न ! समय से चाय दो, खाना बनाओ, बिस्तर लगाओ···करते-करते मुझे चक्कर आने लगते हैं, साँस फूल जाता है।

दीनदयाल : तो क्यों करती हो इतना काम···

भगवती : लो, तो आप मुझे मिट्टी का माधव बना दीजिएगा, अरे काम-काज नहीं करूँगी, चलूँगी-फिरूँगी नहीं तो देह पटक नहीं जाएगी ? पहले से ही ढीले पुर्जे वाली मशीन हो गई हूँ, उस पर जंग खा गई तो सब समझिए···

दीनदयाल : इतनी मायूस क्यों होती हो···? अभी तो बहुत जीओगी··· (ठहरकर) हँसने क्यों लगीं···?

भगवती : तुम्हारी अक्ल पर ! अरे इत्ते बरस जी ली, ये क्या कम है ? बस भगवान से इत्ती बिनती जरूर है कि मेरे गौतम का घर बस जाए···

दीनदयाल : (गम्भीरता से) हूँ···

भगवती : कितना मन था बेटे की यहीं शादी करके भेजें, अच्छी से अच्छी लड़कियाँ मिल रही थीं···

दीनदयाल : हूँ···

भगवती : कैसे वहाँ परदेश में गौतम खाता होगा—खाने का कितना शौक है उसे ··सीधे रोटी-सब्जी जो खा ले···**(ठहर कर)** सुनिए···, न हो तो एक बार और उसकी कुण्डली बनवा लें, और यहाँ कोई अच्छी लड़की···

दीनदयाल : इसे अंग्रेजी में 'विशफुल थिंकिग' कहते हैं, अरे अब वो बड़ा साइंटिस्ट है। कुण्डली-वुण्डली मानेगा भला···?

भगवती : आपको तो जरा दर्द नहीं।

दीनदयाल : दर्द क्यों नहीं? वो तुम्हारे अकेले का बेटा है क्या···? जरा उसका फोटो लाना···जो इस बार भेजा है···

भगवती : कित्ती बार देखिएगा···

दीनदयाल : लाओ न!

भगवती : अभी लाई···**(अन्दर जाती है)**

(घण्टी बजती है)

दीनदयाल : **(स्वगत)** आ गया कुन्दन **(दरवाजा खोलता है)**

शिखा : नमस्ते! जी···मैं शिखा हूँ···आपने मुझे पहचाना नहीं···?

दीनदयाल : शिखा···**(सोचते हुए)**

शिखा : रमा और राधा कहाँ हैं?

दीनदयाल : वे अपने-अपने घर हैं, खड़ी क्यों हो? बैठो न!

(भगवती का प्रवेश)

शिखा : नमस्ते चाची जी···

भगवती : तुम···? तुम शिखा हो न!

शिखा : जी···

भगवती : तुम लोगों ने बहुत पहले ये मोहल्ला छोड़ दिया···

शिखा : हाँ···

भगवती : सुनते हैं ये कालीपद बाबू की बेटी है, यहाँ गर्ल्स स्कूल में म्यूजिक टीचर थे न! इसका बड़ा भाई निलय गौतम के साथ पढ़ता था ये राधा के साथ···**(शिखा से)** शिखा! कहाँ है निलय आजकल?

शिखा : कलकत्ता।

भगवती : शादी तो कर ली होगी?

शिखा : हाँ, दो बच्चे भी हैं।

भगवती : तुम्हारे पति कहाँ हैं?

शिखा : **(संकोच से)** जी, मैंने शादी नहीं की।

भगवती : नहीं की?

दीनदयाल : (बात बदलने के अन्दाज से) अब सब हमारे-तुम्हारे तरह बेवकूफ नहीं हैं न ! (शिखा से) तुम आजकल क्या कर रही हो बेटी ? आराम से बैठो···

शिखा : मैं तो भइया के साथ कलकत्ता चली गई थी, वहाँ लड़कियों को गाना सीखाती थी, लेकिन इस शहर में पली-पढ़ी थी इसलिए वहाँ मन नहीं लगा। अब वापस लौटकर आई हूँ, यहाँ एक संगीत स्कूल खोलने का इरादा है। बहुत दिनों बाद आई हूँ इसलिए पुराने परिचितों से मिलने आई हूँ। गौतम जी कहाँ हैं आजकल ?

दीनदयाल : वो तो देश के बाहर चला गया।

भगवती : और वहीं का हो गया···

शिखा : क्या वहीं शादी कर ली ?

भगवती : नहीं बेटी ! कहाँ की शादी उसने। पहले भी इतनी बार आया, हर बार 'ना' ही करता रहा। हमने तो इतना भी कह दिया है, वहाँ कोई पसन्द है तो ले आओ। कर दें शुभ-शकुन। पर कहता है वहाँ कोई नहीं, मुझे नहीं करनी शादी।

शिखा : अच्छा चाचा जी ! आप इन दिनों क्या कर रहे हैं ?

दीनदयाल : नवम्बर तीस अस्सी के दिन रिटायर हुआ, चाहते तो एक-दो बरस एक्सटेंशन मिल जाता पर···, अब तुम्हें क्या बताऊँ ! सन् चवालिस में नौकरी में लगा···वैसे बी० ए० मैंने बयालिस में ही कर लिया, लेकिन नौकरी नहीं की, भारत छोड़ो आन्दोलन में सक्रिय हो गया···क्या जमाना था ! नेताओं की पकड़ा-पकड़ी, हिटलर-मुसोलिनी की चर्चा, बढ़ती महँगाई और फिल्में भी तो तभी···

शिखा : कैसा लगा था बयालिस की क्रान्ति में···?

दीनदयाल : बहुत जोश, बहुत उत्साह था मन में, लेकिन क्रान्तियों के साथ ये बात रही है कि उन्होंने समाज के बाहरी बदलाव के साथ-साथ आदमी के आन्तरिक रूपान्तर पर ध्यान नहीं दिया। क्रान्तियाँ व्यवस्था को तो बदल सकीं, लेकिन जीवन-मूल्यों के स्तर पर शोषण और विषमता को समाप्त नहीं कर पाईं।

भगवती : ये लेक्चरबाजी छोड़िए···

दीनदयाल : अब तुम्हारी समझ में ये बातें आएँगी भला ?

भगवती : देखो, शिखा, ये गौतम का फोटो है···

शिखा : पहले से कुछ मोटे हो गए दिखते हैं···

भगवती : नहीं तो, गौतम तो ज्यों का त्यों है, ये फोटो में लग रहा होगा,

क्यों जी, पिछली बार आया था तो कुछ दुबला ही लग रहा था न ! क्या बताऊँ ! उसका उठना-बैठना, बोलना यहाँ तक कि खाना भी विलायती होता जा रहा है···

शिखा : आप लोग वहाँ नहीं गए ?

दीनदयाल : अब जिन्दगी के रेशे बिखर रहे हैं···

भगवती : इस बुढ़ापे में अपनी जमीन कैसे छोड़ दें···? दरख्त अपनी जमीन छोड़ देगा तो बचेगा···? वहाँ लोग अजनबी, हवा अजनबी, हर चीज में अजनबीपन···

शिखा : हाँ ··, वो तो है ! अच्छा चलूँ···

भगवती : आती रहना शिखा, और किसी चीज की जरूरत हो तो बताना···

शिखा : हाँ, हाँ, जरूर आऊँगी, और सब ठीक से जमा लूँगी, तो आप लोगों को भी ले चलूँगी···अच्छा नमस्कार !

भगवती : खुश रहो बेटी···

दीनदयाल : जीती रहो···

(शिखा का प्रस्थान)

भगवती : कोई आता है तो लोग समझते हैं कि इनका भी कोई है, हमारा जी भी हरा हो जाता है **(ठहरकर)** जानते हैं, गौतम को ये लड़की बहुत पसन्द थी, मैंने उसके मन को टटोल कर देखा था···

दीनदयाल : कैसी मूर्ख हो ! तुमने कभी कहा नहीं ?

भगवती : अरे तब मेरी सुनते कब थे ? आपको ऑफिस के आगे घर देखने की फुरसत थी ? **(खोकर)** कितने साल गुजर गए···वह दिन आज भी याद है···

(फ्लैश बैक)

गौतम : माँ ! ये क्या तमाशा बना रखा है, हर तीसरे-चौथे दिन कोई न कोई चला आ रहा है।

भगवती : **(खुशी में भीगा स्वर)** तुम्हारे रिश्ते तो ऐसे-ऐसे खानदानों से आ रहे हैं कि···

गौतम : **(रूखे स्वर में)** मुझे ये सब पसन्द नहीं···

भगवती : ऐसे ना-नुकुर नहीं करना चाहिए बेटे ! और तुम्हें करना क्या होता है ? करना तो सब मुझे पड़ता है। तुम्हारे बाबूजी सही समय पर घर हों, यही गनीमत है, गौतम ! बड़ा अरमान है कि तुम्हारे लिए सुघड़-सलोनी बहू चुनकर लाऊँ।

गौतम : माँ···!

भगवती : कुछ कहना चाहते हो बेटे ?

गौतम : (सोचते हुए) हूँ···नहीं···ऐसा कुछ नहीं···। अच्छा माँ मैं निलय के घर जा रहा हूँ···

भगवती : समय से आ जाना··· (स्वगत) यहाँ तो सब अपनी मर्जी के मालिक हैं···।

(फ्लैश फार्वर्ड)

दीनदयाल : कहाँ खो गईं ?

भगवती : अपना गौतम बड़ा संकोची लड़का है, उसने मुंह खोलकर नहीं कहा, पर···सुनिए अब की मर्तबा गौतम आए तो कहिएगा···इस लड़की की भी अभी शादी नहीं हुई···

दीनदयाल : हूँ···सुशील लड़की है, बात करने का ढंग भी अच्छा था···(क्षण-भर ठहरकर) रमा की चिट्ठी बहुत दिनों से नहीं आई···?

भगवती : मैंने तीन चिट्ठियाँ डालीं··कोई जवाब नहीं।(स्वर बदलकर) उसकी सास की शिकायत अभी भी बनी हुई है कि बेटी को सोने की करधनी देते न बना, पूरी बिरादरी में नाक कटवा दी···अरे जो कुछ माँगा पूरा किया, राई-रत्ती की भी कसर नहीं छोड़ी, क्या यहाँ कुबेर का खजाना गड़ा है···?

दीनदयाल : राधा ने भी नहीं लिखा बहुत दिनों से···

भगवती : चिट्ठी आती है तो उनकी खैर-खबर मिल जाती है···, जाने राधा के ससुर कैसे हैं? चीनी बहुत आने लगा है उन्हें और ऊपर से घाव···

दीनदयाल : डायबिटीज के मरीज का घाव मुश्किल से भरता है···

भगवती : पिछली गर्मियों में कैसा घर भरा-भरा था···बेटियाँ, दामाद, बच्चे···

दीनदयाल : हूँ, ये कुन्दन नहीं आया अब तक···?

भगवती : ये आदमी मुझे ठीक नहीं लगता, फोन लगवाने के लिए सात-सौ रुपये भी ले लिए और अभी तक कुछ नहीं हुआ···जाने आपको उससे क्या प्रेम है···?

दीनदयाल : तुम्हें तो कोई अच्छा ही नहीं लगता···

भगवती : वाह ! अच्छा क्यों नहीं लगता ? अब वो शिखा के बारे में मैंने कुछ कहा···? देखते-देखते जवान से बूढ़ी हो गई, आप दोष मुझ में ही देखिएगा···

दीनदयाल : साढ़े छः बज गए, लगता है अब कुन्दन नहीं आएगा···

(घण्टी बजती है)

दीनदयाल : कुन्दन ही होगा···। कौन···?

कुन्दन : (बाहर से) मैं हूँ कुन्दन। मे आई कम इन ?

दीनदयाल : कम इन, कम इन। मैं तुम्हारा ही इन्तजार कर रहा था कुन्दन ! कहाँ देर लगा दी ?

कुन्दन : हाँ, मुझे देर हो गई, दिल्ली से कोई आया था, मीटिंग थी, मजबूरन जाना पड़ा, बिलकुल उसी तरह जैसे मरीज बिना नमक-मिर्च के खाना खाने पर मजबूर होता है। पर वो आदमी था बड़ा इन्टरेस्टिंग। भाषण शुरू करने से पहले कहा कि मेरे भाषण में कोई गलती हो तो कृपया मेरे सेक्रेटरी को क्षमा कर दें...।

(दोनों हँसते हैं)

दीनदयाल : किसलिए मीटिंग बुलाई गई थी ?

कुन्दन : मैं भी अपने-आपसे पूछता हूँ चाचा जी कि ये सब गोरखधन्धा क्या है ? मीटिंग जैसे बेवजह शुरू हुई, उसी तरह बेवजह खतम हो गई...।

दीनदयाल : बेटे, तुमसे आग्रह था...

कुन्दन : आप आग्रह नहीं, आदेश कीजिए चाचा जी !

दीनदयाल : वही डॉ० मित्तल से समय ले लेते तो ठीक से जाँच कर देते, तुम्हारी पहचान है इसलिए तकलीफ दे रहा हूँ...

कुन्दन : इसमें तकलीफ कैसी ? आप तो हुकुम कीजिए। बस थोड़े दिन की बात है, मेरा मकान मालिक बहुत तंग कर रहा है, आपका इतना बड़ा मकान है, मैंने वाइफ को कह दिया, बस बबलू गुड्डू का एग्ज़ाम खतम होने दो, हम लोग आपके यहाँ शिफ्ट कर जाएंगे। उसे भी आप लोगों की बड़ी चिन्ता है..., कहती है कैसे बूढ़े-बूढ़ी अकेले रहते होंगे...।

भगवती : (बिगड़कर) अरे हम वैसे बूढ़ों में नहीं हैं कुन्दन ! हम खुद कर लेते हैं अपने काम...

कुन्दन : चाची जी ! आप तो बुरा मान गईं। अभी तो आपके आराम करने के दिन हैं, और बड़ों की सेवा से तो पुण्य मिलता है, गौतम को तो कोई परवाह ही नहीं है, उसे क्या दोष दूँ ? सबको बाहर की हवा लग जाती है...।

भगवती : इस तरह के संस्कारों में नहीं पला वो..., उसे माँ-बाप की फिक्र रहती है...देखना वो आएगा जरूर...

कुन्दन : गुस्ताखी माफ ! चाची जी। छूटा तीर और विदेश गया बेटा वापस नहीं आता..., हम लोगों को यहाँ आ जाने से चहल-पहल रहेगी, नहीं तो देखिए न ! कैसे समूचा घर ऊँघ रहा है !

दीनदयाल : (बात बदलने के अन्दाज में) भगवती, दो कप चाय बना लाओ, कुन्दन पीएगा। हाँ कुन्दन सुना परसों कृष्णापुरी में बहुत मार-पीट हुई, बहुत लोग घायल हुए···।

कुन्दन : हाँ, सुना तो था, आजकल तो ये सब लगा ही रहता है, किस-किस को फिक्र कीजिए, किस-किस को रोइए···, अच्छा गौतम कब आने वाला है···?

दीनदयाल : लिखा तो नहीं है, शायद सितम्बर-अक्टूबर तक आए··· क्यों ?

कुन्दन : सुना है वहाँ फोर इन वन बन रहा है, आप लिख देते तो एक मेरे लिए ले आता···

दीनदयाल : नहीं कुन्दन, वहाँ तो फाइव इन वन बन रहा है, इस सेट में तो श्रोता के बैठने की भी जगह है···

(दोनों हँसते हैं)

कुन्दन : समय का पेन्डुलम डोल रहा है चाचा जी···अब चला जाए···

दीनदयाल : वो डॉक्टर···?

कुन्दन : आज तो बेहुत काम है, आपके जैसे तो हैं नहीं कि हर वक्त छुट्टी, हर रोज इतवार·· आप तो बस यहाँ रहने के लिए 'हाँ' कर दीजिए और इस बन्दे को सेवा का मौका दीजिए।

दीनदयाल : हूँ···

कुन्दन : आपके ही भले के लिए कह रहा हूँ···, अच्छा बहुत देर हो गई इजाजत दीजिए···(प्रस्थान)

भगवती : सुनते हैं, सच है, अब अपना गौतम वापस नहीं लौटेगा।

दीनदयाल : तुम्हारा तो मन ही मिट्टी का बना है, ऊटपटाँग सोच-सोचकर के खुद को तकलीफ देती हो···

भगवती : कुन्दन कह रहा था···

दीनदयाल : (बिगड़कर) तुम्हारे पास अपना दिमाग नहीं है जो हर किसी की बात को सच मान लेती हो···

भगवती : हे ईश्वर ! कितना बाँधती हूँ मैं मन को, पर एक क्षण में सब बिखर जाता है। लगता है कुछ फिसलता जा रहा है, मुट्ठी से रेत की तरह···सुनिए ! आप इस कुन्दन से कोई काम न करवाया कीजिए, इसकी नीयत में खोट है···

दीनदयाल : (चिढ़कर) तो किससे कहूँ···?

भगवती : हाँ, रिश्तेदार तो यहाँ भरे पड़े हैं, पर हमारे लिए किसे फुरसत है? आएँगे तो ऐसा जताएँगे कि हम पर तरस खा रहे हैं···

दीनदयाल : हूँ···दूसरों पर तरस खा पाने की स्थिति उन्हें कुछ ऊँचा दर्जा दे

देती है···। अच्छा सुनो, मैं जरा रामचरण से मिल आता हूँ···

भगवती : क्यों ?

दीनदयाल : चारदीवारी में बन्द रहने की कसम तो नहीं ली मैंने ?

भगवती : उनसे बतियाने में बहुत मन लगता है आपका। उस दिन कितनी देर कर दी थी, देर हो जाती है तो उल्टी-सीधी बातें सोचकर···

दीनदयाल : आज देर नहीं करूँगा, मैं कभी एक गलती को दोहराता नहीं।

भगवती : हाँ, पर सदा एक नई गलती करते हैं।

(दीनदयाल हँसता है)

भगवती : आदमी औरत साथ-साथ रहें तो बहुत दुःख भूल जाता है···

दीनदयाल : तुम गौतम को चिट्ठी लिखो मैं जल्दी ही लौट आऊँगा।

(प्रस्थान)

(दृश्य-परिवर्तन

(विदेश में गौतम और राहुल)

राहुल : डूबते हुए सूरज में क्या देख रहे हो, गौतम ?

गौतम : (हलका-सा चौंककर) अरे राहुल ! कब आए दोस्त ?

राहुल : दरवाजा खुला था, अन्दर आया तो देखा तुम सूर्यास्त देखने में मगन हो तो···

गौतम : देख रहा था राहुल ! सूर्योदय और सूर्यास्त में कितनी समानता है···किरणों की कान्ति, लालिमा, छटा···आदमी भी बुढ़ापे में बच्चे जैसा ही हो जाता है···

राहुल : आज बहुत पोएटिक मूड में हो···

गौतम : पोएटिक तो नहीं, हाँ भावुक जरूर हो गया हूँ, डूबते हुए सूरज में मुझे अपनी माँ और बाबूजी दिखाई देते हैं···बुढ़ापे में वे दोनों बिलकुल बच्चे की तरह लगने लगे हैं। मेरी माँ के बाल सफेद हो गए हैं, झुर्रियाँ आ गई हैं, पर चेहरा और मासूम, और निरीह हो गया है···जिस दिन इण्डिया से लौट रहा था उस दिन देखा, वह पूजा पर बैठी है और बन्द आँखों से आँसू बह रहे हैं···मैं समझ गया राहुल ! ये भक्ति भाव का उद्वेग नहीं है, मेरे लौटने का दुःख है···

राहुल : अपने पेरेन्ट्स को यहीं क्यों नहीं बुला लेते ? इतना आरामदेह एपार्टमेन्ट है तुम्हारा। वे···

गौतम : नहीं, कितना भी आरामदेह है, पर है तो बन्द-बन्द-सा, उन्हें खुले में रहने की आदत है, खैर छोड़ो···तुम सुनाओ···बहुत दिनों बाद आए···

राहुल : दरअसल हिन्दी बोलने के लिए तरस रहा था…कैथरीन के साथ यहाँ की जुबान बोलते-बोलते…

गौतम : पहले तुम्हारे लिए आइरिश कॉफी बना लूँ फिर…

राहुल : अरे बातें करो दोस्त ! अपनी मदर टंग सुनना बहुत अच्छा लग रहा है…

गौतम : राहुल ! इतनी देर हिन्दी में बातें कर लोगे तो…

राहुल : जिन्दगी के हर मूवमेन्ट का अपना इम्पोर्टेन्स होता है गौतम ! क्योंकि हर मूवमेन्ट का अपना छोटा-सा, कम्पलिट ब्रह्माण्ड होता है…हाँ, तुम्हारी कुलीग मिसेज सलेवन ग्रासरी शापिंग से लौट रही थी तो मुझे कॉरीडोर में मिली थी, बता रही थी कि तुम इण्डिया लौटने की सोच रहे हो…

गौतम : हूँ…सोच रहा हूँ, अपने देश लौट जाऊँ…

राहुल : कोई वजह ? हुआ क्या आखिर ? ये एकाएक…?

गौतम : एकाएक नहीं हुआ, लम्बे समय से सोच रहा हूँ…राहुल !

राहुल : आर यू मैड ! इतने अच्छे जॉब में हो, इतनी पे है तुम्हारी ! ठण्डे दिमाग से काम लो, ये बचपना छोड़ो…

गौतम : तुम किसी अदृश्य को मानते हो, जो सब कुछ कन्ट्रोल करता है, संचालित करता है…

राहुल : यार, मैं दार्शनिक प्रवचन सुनने नहीं आया, साफ-साफ कहो…

गौतम : हूँ…इस सूने कमरे, अकेलेपन और एकाकी जीवन से ऊब गया हूँ…

राहुल : (हँसकर) तो कोई साथी ढूँढ़ लो…, ये तो कोई बड़ी…

गौतम : मैं इसलिए यहाँ नहीं आया।

राहुल : तो…?

गौतम : माँ-बाप छोड़कर हजारों मील दूर इसीलिए यहाँ आया था कि कुछ कर सकूँ…लेकिन…(खोकर) सपनों का तिलस्म टूट गया…

राहुल : पर प्रोफेसर जॉन तो तुम्हें एक होनहार साइंटिस्ट के रूप में देखते हैं…, और वे किसी के बारे में ऐसी राय नहीं बनाते…

गौतम : हूँ…मेरा काम देखकर ही वे इस नतीजे पर पहुँचे थे। वे समझते हैं जो काम मैं कर सकता हूँ उसे मेरे अलावा कोई नहीं कर सकता…तब मुझे भी लगा था कि एक दिन जरूर सफलता और यश की चोटी पर पहुँचूँगा…, पर भविष्य बुनते समय आदमी ख्यालों के ताने-बाने इतने रंगीन रखता है कि उसे इर्द-गिर्द कोई दाग नजर नहीं आता…

राहुल : मतलब ?

गौतम : गलती मेरी थी···

राहुल : गलती···?

गौतम : हाँ, सिर्फ अपना सोचना, अपने माँ-बाप को भूल जाना, देश को भूल जाना, उनके हालात को भूल जाना, उनकी जरूरतों को भूल जाना···, हमने डिग्रियाँ ले लीं, अब हमारी जरूरतें, हमारी ख्वाहिशें, क्या उनका तकाज़ा नहीं था कि हम उनके लिए, वतन के लिए कुछ करें···!

राहुल : अब दस वर्षों के बाद सोच रहे हो ?

गौतम : नहीं राहुल ! माँ-बाबूजी, हिन्दुस्तान का ध्यान बराबर रहता है। मैं उनके साथ ज्यादती कर रहा हूँ, इस अहसास से मैं कभी मुक्त नहीं हुआ। शुरू-शुरू में तो यही सोचता था कि ऐसी भावुकता आदमी को कमजोर बना देती है, इसलिए इससे छुटकारा पाना ही होगा···पर अब लगता है दोस्त, ये कमजोरी नहीं, कोई मजबूत बन्धन है जो मुझे मेरे दायित्व का बोध कराता है···

राहुल : एक बात पूछूँ···गौतम ? तुमने यहाँ भी शादी नहीं की, जब भी हिन्दुस्तान गए, अकेले ही लौटे···कहीं कोई अफेयर···

गौतम : हूँ···था यही समझ लो, शिखा नाम था उसका। मेरे एक दोस्त निलय की बहन थी···

राहुल : और तुमने आज तक बताने की भी जरूरत नहीं समझी ?

गौतम : नहीं, उससे तो कभी खुलकर बात भी नहीं हुई। तुम तो जानते हो, मैं कितना रिजर्व हूँ···।

राहुल : यानी वन साइडेड !

गौतम : उस जमाने में मुझे चेहरे पढ़ना या समझना नहीं आता था, पर आमना-सामना होते ही हमारे बीच कुछ अनकहा घट जाता था···, धीरे-धीरे मालूम हो गया, पर एकदम चुपचाप···कोई शब्द या संकेत नहीं।

राहुल : कैसी थी·· ?

गौतम : बरसों बाद एक दिन सोच रहा था, क्या था उस आकर्षण में ? शायद उसके चेहरे की तरल उदासी···, गाती बेहद सुरीली आवाज़ में थी···।

राहुल : यहाँ आकर तुमने कभी कोई···?

गौतम : आने के बाद एक नये साल का ग्रीटिंग भेजा था, पर कोई जवाब नहीं आया···।

राहुल : कहाँ है वो आजकल···?

गौतम : पता नहीं···।

राहुल : तुमने अपने घर में किसी को नहीं कहा था···?

गौतम : तुम नहीं समझोगे राहुल ! बहुत दिनों से विदेश में हो न ! इण्डिया के एक छोटे शहर के लोगों की मानसिकता बिलकुल दूसरी होती है। अगर मैं अपनी मर्जी मे शादी कर लेता तो माँ-बाबूजी के विश्वाम को बहुत ठेस लगती। बचपन से माँ-बाबूजी ने मुझे तराश-तराशकर ये रूप दिया···बाबूजी ने मुझे यहाँ भेजने के लिए पी०एफ०, एल०आई०सी० और न जाने कहाँ-कहाँ से कर्ज लिया···और मैं ··खैर छोड़ो···ये बातें बहुत पुरानी हो गईं···, वो तो आज बात चल गई तो···

राहुल : तो अब इरादा क्या है···?

गौतम : बस जल्द से जल्द इण्डिया लौटना चाहता हूँ···, वहाँ की तरक्की के लिए अपनी योग्यता का इस्तेमाल करना चाहता हूँ ··और माँ-बाबूजी के पास रहकर उनका एकाकीपन दूर करना चाहता हूँ···उनके जीवन को, जैसा भी और जितना भी बचा है, उसे सुन्दर बनाना चाहता हूँ, सूर्यास्त के पहले मैं वहाँ पहुँच जाना चाहता हूँ ··

राहुल : अच्छा दोस्त, गुड बाय···

(दृश्य-परिवर्तन)

दीनदयाल : (खुशी से भीगा स्वर) भगवती सुनती हो, कहाँ हो···? गौतम का तार आया है···

भगवती : (घबरा कर) तार···! जल्दी पढ़ो···

दीनदयाल : (खुशी से) लिखा है वो अगले महीने की आठ तारीख को यहाँ आ रहा है, लौटकर जाने के लिए नहीं, बराबर रहने के लिए···

भगवती : (बेहद खुश होकर) सच !

दीनदयाल : हाँ···

(हर्ष-ध्वनि)

उपरान्त

पात्र-परिचय

इला : स्कूल शिक्षिका—उम्र 26 वर्ष
परिमल : नेत्रहीन प्राध्यापक—उम्र 29 वर्ष
हुमा : इला की हमउम्र सहेली
विनय : इला का पूर्व प्रेमी—उम्र 31 वर्ष
पिता : परिमल के पिता
मनोरमा : परिमल की पत्नी—उम्र 25 वर्ष

तथा

प्रिंसिपल, डॉक्टर व एक बातूनी औरत

(हुमा इला के पास आती है। इला उदास बैठी है)

इला : हुमा ! आओ···। आज बहुत दिनों के बाद आई···

हुमा : घर के झंझट से फुरसत मिले तब न !···आज समन के स्कूल फीस देने इधर आई तो सोचा तुमसे मिलती हुई जाऊँ···**(इला का चेहरा देखकर)** इला ! तुम्हारी तबियत ठीक नहीं ? चेहरा उतरा हुआ लग रहा है···

इला : **(कुछ छिपाते हुए)**·· अं···नहीं···कुछ नहीं···

हुमा : **(मजाक के अन्दाज में, गाकर)** 'ए दिल न मुझसे छुपा···
सच बता क्या हुआ···'

इला : मुझे बहुत अकेलापन महसूस हो रहा है हुमा !

हुमा : ···ये किसका खत है ?···यह तो विनय की लिखावट जान पड़ती है···क्या लिखा है ?···

इला : **(ठण्डी साँस लेकर)** वहीं किसी विदेशी लड़की से शादी कर रहा है···

हुमा : ···मुझे शक था···विनय दो साल के लिए अमेरिका जा रहा है, वहीं

गोरी मेम-वेम से शादी न कर ले···।

इला : उसने शायद जान लिया कि वह मुझसे विवाह करके सुखी नहीं रह सकता···

हुमा : क्यों ?

इला : ···क्योंकि मैं उसकी कोई भी महत्त्वाकांक्षा पूरी करने में सहायक नहीं हो सकती।···वह एक ऐसा सामाजिक जीवन चाहता है जिसमें उसे महत्त्व का दर्जा प्राप्त हो···उसकी दृष्टि में मैं बहुत अन्तर्मुखी हूँ और इधर-उधर मिल-जुलकर आगे बढ़ने का प्रयत्न नहीं करती हूँ···वह जो चाहता है, वह मैं नहीं कर सकती···

हुमा : फॉरगेट हिम फॉर एवर।···इला ! उसे बता दो कि तुम भी उसे भूल गईं···तुम्हें भी उसकी चिन्ता नहीं।···जरा-सी बात के लिए···

इला : ये जरा-सी बात है ?

हुमा : और नहीं तो क्या ?

इला : माँजीपुर में सब जानते हैं कि हमारी शादी की बात···अब न होने की लज्जा महसूस हो रही है···

हुमा : ···बहुत जगह बात चलती है···, इसमें क्या है ?

इला : हूँ···, सतह पर हर चीज ठीक है, कहीं कुछ गलत नहीं···मगर सतह के नीचे न जाने कितनी उलझनें हैं···

हुमा : तुम किसी लायक आदमी से शादी कर लो···

इला : मेरे जैसी रूप-रंग की स्कूल टीचर के लिए मुश्किल है कि···

हुमा : अगर हम भरे दिन में किसी खोह में घुसकर बैठ जाएँ और कहें कि सूरज की रोशनी हम तक नहीं पहुँच रही तो दोष हमारा होगा, सूरज का नहीं···।···अब अगर कोई मिले और संकेत दे तो पत्थर बनकर मत बैठी रहना, समझीं।

इला : (हँसकर) समझ गई हुमा जी ! पर अब मैंने अपने आपको काम में इतना अधिक व्यस्त रखने का ठान लिया है कि कुछ उल्टा-सीधा सोचने का वक्त ही न मिले···। मैंने अपनी प्रिंसिपल से कह दिया है कि मैं हर तरह के काम के लिए हाजिर हूँ। उन्होंने मुझे कल कुछ एक्स्ट्रा वर्क के लिए बुलाया भी है।···

(दृश्य समाप्त)

(दूसरे दिन इला प्रिंसिपल के कमरे में)

प्रिंसिपल : ···मिसेज शर्मा ! क्लास सेवेंथ का रुटीन दुबारा बनाना होगा,···हाँ तो इला ! मैं क्या कह रही थी···?

इला : नेत्रहीनों के बारे में···

प्रिंसिपल : हाँ ! मैंने देखा है नेत्रहीनों के लिए ऊपरी मन की औपचारिक सहानुभूति सब अर्पित करते हैं, लेकिन जब कुछ करने की बात आती है तो लोग मुँह मोड़ लेते हैं···

इला : मुझसे कहिए···

प्रिंसिपल : मुझे तुमसे यही उम्मीद थी···, मैं एक नेत्रहीन लेक्चरर को जानती हूँ। वे बड़े मेधावी हैं, और आगे पढ़ना चाहते हैं···पर ब्रेल में किताबों की बहुत कमी है, टेप भी नहीं है··· क्या तुम उन्हें स्कूल के बाद एक-आध घण्टा पुस्तक पढ़कर सुना सकती हो ?···वे यहीं स्कूल की लाइब्रेरी में आ जायेंगे···

इला : ठीक है। उन्हें मैं रोज पढ़कर सुना दिया करूँगी···

प्रिंसिपल : धन्यवाद इला ! जाओ वे लाइब्रेरी में बैठे हैं, जाकर उनसे मिल लो···

इला : जी अच्छा।

(इला परिमल के पास जाती है)

इला : नमस्कार ! मेरा नाम इला है। मेरी प्रिंसिपल ने मुझे आपके पास भेजा है।

परिमल : नमस्कार ! मैं परिमल हूँ···

इला : मेरा क्या काम रहेगा ?

परिमल : ये किताब है···इसे धीरे-धीरे पढ़कर सुनाना होगा···

इला : दिलचस्प काम है···

परिमल : आप बैठिए न !

इला : **(हल्के आश्चर्य से)** आपने कैसे जाना कि मैं खड़ी हूँ···?

परिमल : **(हल्का-सा हँसकर)** देख जो रहा हूँ···

इला : बिन आँखों के ?

परिमल : ···देखता हूँ परन्तु जैसे आप देखती हैं वैसे नहीं, सुनकर, छूकर जो मैं देख लेता हूँ वह भला आँखें कैसे देख सकती हैं···?

इला : लेकिन हर चीज सुनकर या छूकर तो नहीं देखी जा सकती···

परिमल : क्यों नहीं ? जब कोई रूप-रंग बखानता है तब न देखकर भी मैं उसके अर्थ को ग्रहण तो करता ही हूँ···

इला : चाय मँगवाती हूँ···

परिमल : मेरी किताब देख लें···

इला : पहले चाय···, पढ़ना कल से शुरू करेंगे···

परिमल : जैसी आपकी इच्छा···

(इला बाहर जाकर आती है)

इला : ···ये बताइए इन पंचेन्द्रियों के अलावा और भी सूक्ष्म इन्द्रियाँ होती हैं,

जिसे सिक्स्थ सेंस कहते हैं ?

परिमल : नहीं, सिक्स्थ सेंस जैसा कुछ नहीं होता, हाँ मन है—मन अदृश्य है फिर भी लगता है कि दृश्यमान है···

(चाय आती है)

इला : **(चाय पीते हुए)** आप यहाँ तक कैसे आए ?

परिमल : मेरे कॉलेज के गेट से बस मिलती है जो आपके स्कूल तक आती है··· अँ···वैसे मोबिलीटी मेरे लिए हमेशा एक समस्या है, पर आये-जाये बिना काम भी नहीं चलता···ब्रेल में सारी किताबें और न्यूज पेपर होते तो कितना अच्छा होता···फिर ये भी सोचता हूँ कि संघर्षों से जूझने से आदमी ऊँचा उठता है।

(चाय पीकर रखता है)

(दृश्य समाप्त)

(परिमल घर पर पिता के साथ)

पिता : परिमल ! आज आने में बड़ी देर कर दी बेटे ! मैं घण्टे-भर से तुम्हारी राह देख रहा हूँ। थोड़ी देर और होती तो मैं तुम्हें खोजने निकल जाता··

परिमल : अब रोज इसी समय आया करूँगा बाबूजी ! गर्ल्स स्कूल की एक टीचर मुझे पढ़कर सुनाने के लिए तैयार हो गई है···

पिता : भगवान के रूप में तुम्हें कोई न कोई मिल ही जाता है···पर वहाँ से आओगे कैसे ? सीधी बस तो है नहीं···?

परिमल : एक ऑटो ठीक किया है, वही रोज पहुँचा देगा···

(दृश्य समाप्त)

(लगभग एक महीने बाद)

(इला परिमल के पास आते हुए)

इला : नमस्कार परिमल जी ! क्षमा कीजिएगा, थोड़ी देर हो गई···हुमा आ गई थी, इसी वजह से···

परिमल : आप और हुमा जी बहुत घनिष्ठ हैं न !

इला : हूँ···हम माँजीपुर के हैं, वहाँ हम दोनों के घर लगे हुए हैं। हम बचपन से साथ-साथ पढ़े हैं। हुमा के पति यहीं वकालत करते हैं। उसकी एक बड़ी प्यारी बच्ची है समन।···मेरे लिए हुमा फ्रेंड, फिलॉसफर, गाइड सभी कुछ है···शुरू करें ?

परिमल : हाँ !

इला : **(पढ़ती है)** "···भारत के दार्शनिकों और विदेश के दार्शनिकों में एक बड़ा अन्तर है। प्लेटो, अरस्तू, काण्ट तथा हैगल महान दार्शनिक

थे, किन्तु साथ ही सामाजिक और राजनीतिक विचारों के इतिहास में उनकी देन अत्यन्त महत्त्वपूर्ण है। किन्तु हमारे देश में बुद्ध, नागार्जुन, शंकर, पंतजलि, शांतरक्षित आदि की कोई सम्बद्ध राजनीतिक और सामाजिक धारा उपलब्ध नहीं···"

(शब्द धीरे-धीरे डिजॉल्व होता है मानो इला पढ़ती जा रही है)

(दृश्य समाप्त)

(इला पढ़कर चुप हो गई है)

परिमल : बस आज इतना ही, आप थक गई होंगी···

इला : फिर चलें···

परिमल : मुझे आज से यहाँ आधा घण्टा इन्तजार करना होगा···वह पुराना ऑटोरिक्शा वाला दो महीने तक तो ठीक आया, पर अब कहता है नहीं आ सकता···

इला : तब ?

परिमल : दूसरा ठीक किया है, पर वह चार के बजाय साढ़े चार-पाँच बजे तक ही आ सकता है···

इला : ···ओह ! मैं पार्क जा रही हूँ, मौसम अच्छा है, आप चलिए मेरे साथ···

परिमल : जाना तो चाहता हूँ पर आपको परेशानी होगी···

इला : मुझे कोई परेशानी नहीं होगी···, आपको सहानुभूति दिखाना शायद अच्छा नहीं लगता···

परिमल : **(उठते हुए)**···अँ···अच्छा नहीं लगता, पर कभी-कभी ऐसे क्षण आ ही जाते हैं···

इला : **(चलते-चलते)**···तब दुःख होता है ?

परिमल : दुःखी होता तो हूँ, लेकिन दुःख को अपने पर हावी नहीं होने देता···

(दोनों पार्क आते हैं)

इला : कहीं बैठा जाए अब तो···

परिमल : यहीं बैठ जाते हैं···

(दोनों बैठते हैं)

परिमल : हवा तेज है, ठण्डी भी है···कहीं आस-पास बरसात हुई होगी···

इला : हमारे सामने एक पहाड़ी है···, उसके ऊपर आकाश···, आकाश में सफेद बादल···सौन्दर्यबोध का ज्ञान कैसे करते हैं आप ?

परिमल : **(हलका-सा मुस्कुरा कर)** अपनी सारी सीमाओं के भीतर मैं जीवन की सुन्दरता के अनेक बिन्दुओं पर स्पर्श कर लेता हूँ, उसमें जो आनन्द

मिलता है, वही मेरा सौन्दर्यबोध है···

इला : घर जाकर क्या करते हैं आप ?

परिमल : यहाँ से जाने के बाद पढ़ता हूँ, रात को रेडियो सुनता हूँ, खासकर नाटक···

इला : घर पर कौन-कौन है ?

परिमल : बस, पिताजी हैं। मैं जब नौ वर्ष का था तब माँ चल बसीं। मेरे लिए माँ-बाप, भाई-बहन सब कुछ मेरे पिता हैं। उन्हें मेरी बहुत चिन्ता रहती है। मेरे पढ़ने-लिखने में, मेरे भीतर आत्मविश्वास जगाने में उनका बड़ा हाथ है।···आपके यहाँ कौन-कौन है ?

इला : मेरे माँ-बाप दोनों नहीं हैं। मेरे भइया-भाभी ने मुझे पढ़ाया।··· पिता जी के मौत के बाद लगा जैसे मैं बोझ हूँ उन पर। फीस दे देते थे पर किताब-कॉपी के लिए पैसे माँगने में शर्म आती थी···, हमेशा लगता मुझ पर जो खर्च किया जा रहा है, वह भाभी और बच्चों से छीना जा रहा है···वैसे ऊपर से कभी कोई बात नहीं हुई, पर छोटी-मोटी बातें तो होती ही हैं।···जब मुझे पहली तनख्वाह मिली, मैंने भैया, भाभी, बच्चों के लिए ढेरों चीजें खरीदीं···(**स्वर बदलकर**) हमें चलना चाहिए, आपका ऑटो आ गया होगा।

(दृश्य समाप्त)

(इला हुमा के घर पर)

इला : ···हुमा ! जब वे अपनी दृष्टिहीन आँखों से देखने लगते हैं, तब जिसको उनकी नेत्रहीनता का पता न हो तो उसे बिलकुल ज्ञान नहीं होता कि वे नेत्रहीन हैं···, कितना अच्छा होता हुमा अगर वे देख पाते···बड़ी-बड़ी आँखें हैं पर बेजान···

हुमा : आजकल जब मिलो तब परिमल की ही बातें किये चली जाएगी···

इला : तुम उनसे मिलोगी तब जानोगी—उनसे दो-चार बातें करके तो देखो—उनकी दार्शनिक और आध्यात्मिक बातें सुनकर चकित रह जाओगी···

हुमा : बहुत हुआ ···अब बस कर।···समन तुम्हें बराबर याद करती है। आज सेवइयाँ बनाईं तो उसने कहा कि इला मौसी के लिए एक कटोरी रख दो।

इला : बड़ा ख्याल है उसे मेरा, मेरे लिए रखा भी है या नहीं ?

हुमा : रखा है बाबा ! अभी लाती हूँ।

(दृश्य समाप्त)

(इला पढ़कर समाप्त करती है)

परिमल : आप इतनी अच्छी तरह पढ़ती हैं इला जी कि एक-एक लाइन मेरे दिमाग में उतर जाती है···

इला : एक बात पूछूं ?

परिमल : हाँ···।

इला : आपके जीवन का आदर्श क्या है ?

परिमल : अँ···बड़ा कठिन प्रश्न है···, आदमी हर क्षण बदलता है, आदमी के बदलते उसका आदर्श भी बदल जाता है···पहले लगता था कि मैं गृह-चिन्ता का बोझ नहीं उठा सकता। मैं निर्द्वंद्व, निश्चिन्त, निर्लिप्त रहना चाहता था। एक सुरम्य उपवन में किसी सघन वृक्ष के नीचे पक्षियों का कलरव सुनता हुआ चिन्तन में मग्न पड़ा रहूँ···यही मेरे जीवन का आदर्श था···

इला : अब ?

परिमल : अब···अब मन में हरदम कुछ सुलगता-सुलगता रहता है। हर किसी के बीच होने पर भी पूरी तरह वहाँ नहीं होता हूँ।···अब किसी के साथ जीने की चाह हो रही है···इच्छाएँ जाग रही हैं···

इला : अच्छा !···

परिमल : अन्धा आदमी देवता थोड़े ही हो जाता है···**(हल्का-सा हँसकर)** राम, कृष्ण, शंकर जैसे देवता भी नारी से मुक्त कहाँ हैं ? **(सहसा गम्भीर होकर)**···कभी-कभी लगता है इला जी कि आपका मेरे साथ होना मात्र संयोग नहीं···वैसे ही जैसे सूरज का उदय और अस्त होना मात्र संयोग नहीं···

(बाहर ऑटोरिक्शा की घण्टी बजती है)

परिमल : अरे, समय कैसे बीत गया पता ही न चला···

(दृश्य समाप्त)

(इला हुमा के घर पर)

इला : हुमा ! जब वे ये सब कह रहे थे तो उनके चेहरे पर आशा की चमक धूप-छाँव-सी आ-जा रही थी···

हुमा : **(हैरानी से)** इला···!

इला : मैं उन्हें पसन्द करने लगी हूँ···और शायद वे भी···

हुमा : ये सब जज़्बात हैं···कमजोर लोगों के लिए स्वभावतः करुणा हो जाती है···, तुम समझती हो इससे तुमको इज्जत और बड़ाई मिलेगी···इला ! जीवन की ऐसी शुरुआत बहुत आदर्शवादी होती है मगर बाद में···

इला : **(दृढ़ स्वर में)** मैंने सोच लिया है हुमा ! मैं उनसे शादी करूँगी···

हुमा : ···एक नेत्रहीन आदमी से शादी का फैसला कर रही हो···, इस तरह सहानुभूति के आधार पर शादी नहीं होती···

इला : **(संवेदनशील स्वर में)** मेरे इस फैसले का आधार सहानुभूति, सांत्वना या दया नहीं,···एक लालच है···, ये विनय की तरह मुझे छोड़कर तो नहीं जाएँगे···**(स्वर बदलकर)** इस इतवार को उन्हें अपने घर बुलाना चाहती हूँ···तुम भी आओ न ! मिल लेना·· हूँ···**(सोचते हुए)** लेकिन हुमा !···सोचती हूँ उन्हें अपना फैसला सुनाने से पहले एक बार उनके पिता से मिल लूँ···अँ·· छुट्टी लेकर उनके पास जाना होगा···

(दृश्य समाप्त)

(इला परिमल के घर पर पिता के साथ)

पिता : कौन ?

इला : मैं हूँ इला।

पिता : आओ, आओ बेटी ! **(प्यार से)** परिमल तुम्हारी बहुत प्रशंसा करता है, तुम हमारे लिए बहुत कर रही हो···

इला : परिमल जी इतने कुशाग्र हैं कि जो भी पढ़ती हूँ इन्हें याद हो जाता है···

पिता : भगवान ने उसे आँखें नहीं दीं, पर स्पर्श-ज्ञान और श्रवण-शक्ति की जन्मजात देन इसे प्राप्त है··बचपन में इसके इलाज का लम्बा सिलसिला चला। पर फायदा नहीं हुआ···इसकी माँ यही कहती, हाय भगवान, क्या होगा इस लड़के का···पर वह उसे जितना असहाय समझती थी उतना ये है नहीं···

(पिता उठकर अन्दर जाकर आते हैं)

पिता : लो बेटी, ये मिठाई खाओ···मैंने आज परिमल की शादी तय कर दी और मैं बहुत खुश हूँ···

इला : **(आश्चर्य से)**···क्या ?···

पिता : एक सुघड़ सजातीय लड़की है। उसका कोई नहीं दुनिया में·· बहुत दिनों से परिमल के लिए एक लड़की देख रहा था···अब जाकर तलाश पूरी हुई।···मैं खुद गया था उसके पास···सच ये है बेटी, परिमल के साथ रहने में अड़चनें हैं। घर या कॉलेज के एक-एक कोने से यह इतना परिचित है कि बेधड़क घूम लेता है···मगर बाहर कहाँ सिर टकराएगा, कब अचानक गिर जाएगा·· ये कोई नहीं जानता···, यह सब देखकर ही मैं मनोरमा के पास गया था—मैंने उसे अच्छी तरह देख-परख लिया है, वह परिमल के अन्धे जीवन की लाठी बन

सकती है···मैं चाहता हूँ कि परिमल का सुख से घर बसे···

इला : (**बुझे स्वर में**) आपने उन्हें बताया ?

पिता : अभी कहाँ ?···शाम को आएगा तब बताऊँगा···वह तो देवता लड़का है, मेरी हर बात मानता है···। मैं तो मनोरमा को वचन दे आया हूँ, शादी तो उसे करनी ही होगी।···तुमने कुछ खाया नहीं, खाओ न !··· मैं भी आवेश में तुमसे अपने दिल की कितनी ही बातें कह गया, क्या करूँ, तुम्हारे चेहरे पर ऐसी मधुर सरलता है कि अपने को रोक न सका···

इला : ये खबर सुनकर मुझे भी खुशी हुई, अब चलूँ···

पिता : तुमने बताया नहीं कैसे आना हुआ ?

इला : इधर से गुजर रही थी, सोचा मिलती चलूँ···अच्छा नमस्कार !

(दृश्य समाप्त)

(उसी शाम इला परिमल के साथ)

परिमल : आज लगा कि आप मन से नहीं पढ़ रही हैं···

इला : (**सपाट स्वर में**) मैं छुट्टियों में घर जा रही हूँ, आपको पढ़कर सुनाना मुमकिन न हो सकेगा···

परिमल : तब तक मैं···

इला : नहीं, छुट्टी के बाद भी सम्भव नहीं···

परिमल : (**दुःखी होकर**) हूँ···

इला : मैं किसी और को इस काम के लिए तलाश करूँगी···

परिमल : मुझ पर तरस खाकर ये कह रही हैं ?

इला : तरस शब्द से मुझे स्वयं घृणा है परिमल जी !

(परिमल मौन है)

इला : आप चुप हैं···

परिमल : कई बार आदमी चुप रहकर ज्यादा बात कर सकता है (**ठहरकर**)··· मैं तो तरह-तरह की भावना के बन्धन से बँधने लगा था···मेरे भाव के आकाश में तारे चमकने लगे थे···

इला : (**निर्विकार भाव से**) सच प्रतीत होने वाली सभी बातें सच नहीं होतीं···

परिमल : इला जी ! आप समझती हैं नेत्रहीन होने से आदमी बदल जाता है,··· इधर देखिए ! मैं हँसना जानता हूँ, गाना जानता हूँ और रोना जानता हूँ···

इला : परिमल जी ! आप सब तरह से काबिल हैं।···अंधेरा घिरने लगा है, घर जाइए, पिताजी को आपकी चिन्ता हो रही होगी···

परिमल : जा रहा हूँ, पता नहीं फिर कब मिलना हो···पर जाते-जाते इतना कहना चाहता हूँ—आप मुझे अच्छी लगीं बस ! और कोई बात नहीं।

(दृश्य समाप्त)

(परिमल अपने घर पर अकेला)

परिमल : **(स्वगत, आत्म-करुणा से भीगे स्वर में)**···प्रभु ! तुम्हें कभी मेरा भी ध्यान रहता है ? इस अंधेपन ने मेरे भीतर आज गहरी हीनता भर दी है···मेरी बुद्धि भरमा गई है।···इला का साथ मेरे भीतर आत्म-भाव की सृष्टि करता था···वह सदा के लिए मुझे छोड़कर चली गई··· यह सम्भव नहीं कि उसने मेरी व्यथा को न पहचाना हो···प्रेम कभी छिपाये छिपता नहीं···प्रेम की महिमा है कि संयम उससे हारता है··· हाँ···मेरे अधूरेपन की कीमत आखिर वह क्यों चुकाये ?

पिता : **(बाहर से पुकारकर आते हुए)**···परिमल ! परिमल !···यहाँ अकेले बैठे क्या कर रहे हो ?

परिमल : बस···यों ही सोच रहा था आँख वाले मुझसे कितने श्रेष्ठ हैं···

पिता : **(समझाते हुए)** परिमल ! यह समूचा चराचर जगत परमेश्वर की सृष्टि है। यह सब कुछ जो दृश्य और अदृश्य है, उसी की रचना है··· भला उसकी कोई एक रचना श्रेष्ठ या हीन कैसे हो सकती है···? बेटे ! मैं तो तुम्हें एक बहुत अच्छी खबर सुनाने जा रहा हूँ।

(दृश्य समाप्त)

(इला अपने घर पर उदास बैठी है)

इला : आओ हुमा।

हुमा : कभी तो रोज़ आओगी और कभी महीनों चुप !···अरे तुम रो रही हो···!

इला : **(आँसू पोंछते हुए)**···ऐसे ही···

हुमा : बिना वजह कोई नहीं रोता···

इला : **(भारी मन से)** हूँ···

हुमा : ···कुछ लोग बहुत निश्चिन्त होकर जीते हैं, कुछ होते हैं कि बिना चिन्ता के जी ही नहीं सकते···हुआ क्या ?···जवाब क्यों नहीं देती ?

इला : परिमल के पिता से मिलने गई थी···

हुमा : उन्होंने इनकार कर दिया ?···

इला : मैंने तो उनसे अपनी बात कही भी नहीं···

हुमा : **(अधीर होकर)** फिर ?···बताओ न ! जबान सिले क्यों बैठी हो ?

इला : उन्होंने परिमल की शादी एक बहुत अच्छी लड़की से तय कर दी है।

हुमा : तुमने परिमल से कहा ?

इला : नहीं। ऐसे में मैं पिता-पुत्र के बीच नहीं आना चाहती। वह लड़की हर तरह से परिमल के लायक है, ऐसे में मेरे बीच में आने से सब गड़बड़ा जाएगा ··· मेरा क्या ? धीरे-धीरे भूल जाऊँगी··· विनय को भूल ही गई न !

हुमा : जाने दो, तुम्हारे लिए अच्छे लड़कों की कमी है ?

इला : **(गम्भीर और दृढ़ स्वर में)** अब मैंने शादी न करने का फैसला कर लिया है, हुमा !

हुमा : **(हैरानी से)** तुम्हारा दिमाग घूम गया है। जानती हो तुम क्या कह रही हो ? सेन्टीमेन्टल फूल ! क्या तुरन्त फैसला लेना जरूरी है ?

इला : **(भावुक होकर)** ···विनय और परिमल··· मैंने दोनों को दिल से चाहा···पर मैं हार गई···इस हार ने मुझ में विरक्ति जगाई है··मेरे लिए वह मोड़ आ गया है जहाँ से दुनिया बदल जाती है···

हुमा : इला ! कल जब परिमल से मिलो तो···

इला : ···मैंने उन्हें पढ़ने से मना कर दिया···महीना से ज्यादा हो गया··· अब मैं उनसे बचना चाहती हूँ, उनकी आँखें मेरे अस्थिर मन को और अस्थिर कर देती हैं।···जब मैंने उन्हें मना किया तो उनकी बन्द आँखों में पानी उमड़ आया···

हुमा : पर शादी न करने में क्या तुक है ?

इला : हर आदमी के लिए शादी जरूरी नहीं, आज के जमाने में जब हमारी जनसंख्या···

हुमा : **(खीजकर)** मुझे नहीं सुनना प्रवचन !···शादी के बिना आदमी अधूरा रह जाता है। पचासों कुण्ठाएँ घेर लेती हैं, जिन्दगी पछतावे से भरी रहती है।

इला : पर शादी के बाद कुण्ठाएँ न घेरती हों, ऐसी बात तो नहीं···, उसके बाद भी पछतावा हो सकता है···

हुमा : भैया-भाभी क्या कहेंगे ? क्या-क्या कहानियाँ गढ़ी जाएँगी···?

इला : **(तटस्थ स्वर में)** मेरे ख्याल से जब औरत इस स्थिति में होती है कि अपनी इच्छा से अपनी भूमिका चुन सके तो वह सबसे आदर्श स्थिति होती है···

हुमा : तुम्हारे जैसे आदर्शवादी अपने ही बनाये चक्रव्यूह में फँस जाते हैं···

इला : तुम्हें एक बात बताना तो भूल ही गई···

हुमा : क्या ?

इला : मेरी बदली सिमरिया चक हो गई है, छुट्टी के बाद वहीं ज्वाइन करना है···

हुमा : इला ! सिमरिया चक तो एकदम देहात है···

इला : पर वहाँ स्कूल है, बच्चे हैं तो टीचर भी तो होना चाहिए···

हुमा : (उदास स्वर में)···इतने बड़े शहर में एक तुम ही अपनी थी···तुम्हारे जाने से मैं बहुत अकेली हो जाऊँगी···

(दृश्य समाप्त)

(पाँच साल के लम्बे अन्तराल के बाद। इला गम्भीर बीमारी से ग्रस्त है। इला हुमा के घर आती है।)

इला : (कुछ कमजोर स्वर में) हुमा !

हुमा : (खुश होकर) इला ! तुम ! पाँच वर्षों के बाद !

इला : छुट्टियों में भैया के पास माँजीपुर चली जाया करती थी, यहाँ आना ही न हो सका···, अब वापस यहीं बदली हो गई है, उसी पुराने स्कूल में···

हुमा : अब्बू आये थे, उनसे तुम्हारी खबर मिली। सुना तुम बीमार हो, देख रही हूँ बहुत दुबली हो गई हो···

इला : हूँ···यहाँ ट्रान्सफर के लिए अर्जी दी थी हेल्थ ग्राउण्ड पर, सो मंजूर हो गई···

हुमा : तुमको क्या हो गया है इला ? तुम्हारी आँखों के नीचे काला घेरा हो गया है, डॉक्टर को दिखाया···?

इला : हूँ···अभी महीने भर सिक लीव पर हूँ, मुझे डॉक्टर ने आराम के लिए कहा है (बोलते-बोलते थक जाती है)···मुझ से अब ज्यादा आया-जाया नहीं जाता···मेरा सब कुछ मेरे एक कमरे में सिमट आया है···बस कुछ खामोश आवाजें कानों पर दस्तक दिया करती हैं···

हुमा : (प्यार और लगाव से) इला ! मैं तुम्हारे पास बराबर आऊंगी, पर मेरा तुम से अनुरोध है कि अब तुम अपना ख्याल करो···

इला : ···नियमित रूप से दवा ले रही हूँ। कल डॉक्टर के पास चेक-अप के लिए अस्पताल जाना है।

(दृश्य समाप्त)

(इला अस्पताल में। पृष्ठभूमि में अस्पताल का उलझा हुआ शोर)

एक बातूनी औरत : (इला से) तम (तुम) जल्दी आकर बड़ा अच्छा की। पहिले लम्बर पर डागदर साब ने देख लिया···तुम्हें क्या बेमारी है

बहिन ?

इला : जानकर क्या करेंगी ?

औरत : बुरी बेमारी है ?

इला : बीमारी तो बुरी ही होती है···

औरत : बहिन ! उधर कल एक अन्धे का एकसीडेन्ट हो गया···दायें हाथ और दायें आँख में चोट आई है···बेचारा ! सांसत में पड़ा है···उसे देखोगी तो हिया हिले बिना न रहेगा···

(इला को उस व्यक्ति में परिमल का शक होता है)

इला : वे किस वार्ड में हैं···

औरत : इधर से जाओ·· फेर बांये हाथ को मुड़ जाना, वहीं पर···

(इला वहाँ जाती है। वह परिमल ही है। उसके एक हाथ और एक आँख पर पट्टी है।)

इला : **(स्वगत)**···परिमल !···

(कुछ दुविधा में इला परिमल के पास जाकर आ जाती है)

परिमल : ···मेरे करीब आकर कौन बार-बार लौट जाता है ?

इला : ···मैं हूँ इला ! · कैसे गिर गये ? आप तो कभी ठोकर खाकर नहीं गिरे ?

परिमल : **(आश्चर्य से)** इला जी ! आप···आज एक युग के बाद इस आवाज को सुन रहा हूँ · आपने तो कभी परिमल की सुध ही न ली···तब से जमाना बहुत बदल गया · मैंने शादी कर ली, मेरी एक बच्ची भी है ···और···

इला : मैंने शादी नहीं की···

परिमल : क्यों ?

इला : अकेलापन या गृहस्थ तो जीवन-पद्धति है। मैंने अकेलेपन को चुना, अब लगता है मेरा फैसला सही था···

परिमल : ···बरसों पहले की वे बातें मेरे मन में बिम्बों की तरह उतर रही हैं ···**(धीरे से हँसकर)** आखिरी बार जब आपसे अलग हुआ था तब मेरे मन के किसी कोने में यह आशा थी कि आप आयेंगी और कहेंगी कि मैं आपको चाहती हूं, आप से शादी करना चाहती हूँ।

(इला मौन है)

परिमल : ···क्या सोचने लगीं ?

इला : कुछ नहीं···

परिमल : आपसे यों अचानक भेंट कर बड़ा सुख पा रहा हूँ···लेकिन स्वर से आप अस्वस्थ जान पड़ती हैं। अस्पताल किसलिए आई थीं ?

इला : यों ही, अपना चेक-अप कराने।

परिमल : सब ठीक है न ?

इला : हूं···, ठीक है। मुझे कुछ नहीं हुआ।

परिमल : जानती हैं इला जी वे क्षण, वे लम्हें मेरे लिए बहुत गम्भीर और अर्थपूर्ण थे·· मैंने अपनी पत्नी मनोरमा को आपके बारे में बताया है।

(इतने में मनोरमा आती है)

परिमल : आ गई मनोरमा ?

मनोरमा : हां। बहुत इन्तजार करना पड़ा न? रास्ते में बेहद ट्रेफिक जाम था···

परिमल : मनोरमा ! इला जी आई हैं···

मनोरमा : (प्रेम से) आप इला जी हैं ! आपके लिए मन में एक जिज्ञासा बनी हुई थी। सुनकर मैंने एक काल्पनिक छवि अपने मन में बना रखी थी ···उस हिसाब से आप दुबली लग रही हैं···

इला : ···मैं चलूं, मुझे इजाजत दें···

मनोरमा : सुनते हैं ! मैं इला जी को गेट तक छोड़कर आती हूं···

परिमल : अच्छा !

(इला और मनोरमा चलती हैं)

मनोरमा : (निश्छल भाव से) इला जी ! इनका एक्सीडेन्ट सुनकर तो मैं डर ही गई थी···हाथ में फ्रैक्चर है, आंख के भीतर भी चोट आई है···। मैं बात-बेबात बहुत सोचती रहती हूं। कभी-कभी मुझे लगता है कि सोच-सोचकर पागल हो जाऊंगी···ये खुलकर मुझसे बात ही नहीं करते···ये तो मेरे लिए हमेशा कुछ-न-कुछ रहस्यमय रहे हैं। एक-दूसरे को हम चाहते हैं, फिर भी एक-दूसरे को मन की बात समझा नहीं पाते···एक मिनट ! आइए न डॉक्टर साहब से पूछ लूं इन्हें छुट्टी कब मिलेगी···

(इला और मनोरमा डॉक्टर के पास)

मनोरमा : डॉक्टर साहब ! बेड नम्बर चौदह में मेरे पति हैं, उन्हें कब छुट्टी मिलेगी ?

डॉक्टर : ···कल उनकी आंखों की पट्टी खुल जाएगी·· परसों वे जा सकते हैं···। आपसे एक बात कहनी है, आंखों के डॉक्टर ने इनकी आंखों की पूरी छान-बीन के बाद कहा कि कोर्निया ट्रान्सप्लांट से इनकी आंखों की रोशनी मिल सकती है···

मनोरमा : (अत्यन्त खुश होकर) क्या इन्हें आंखें मिल सकती हैं ?

डॉक्टर : हाँ। अगर किसी की आँखें मिल जाएँ तब उनका अन्धापन मिट सकता है···ओ०के०···

मनोरमा : **(खुशी से)** इला जी ! इन्हें आँखें मिल सकती हैं···इन्हें भी हमारी तरह दिखलाई दे सकता है···मधुर विश्वास पनपने लगा है···

(दृश्य समाप्त)

(इला अपने घर पर अकेली है। दरवाजे पर दस्तक होती है।)

इला : कौन ?

विनय : मैं हूँ विनय।

इला : **(आश्चर्य से)** विनय ! कब आए हिन्दुस्तान ?

विनय : पिछले बुधवार को···**(पश्चात्ताप और प्रेम-भरे स्वर में)** मैं तुम्हारे लिए आया हूँ इला !···यहाँ से जाने के बाद अब तक के बीच जो कुछ हुआ वह तुम्हें बताना चाहता हूँ···

इला : **(कमजोर स्वर में)** ऐसी भी अनहोनी हो सकती है ?

विनय : कुछ भी कहने का अधिकार है तुम्हें···अगर उसका कुछ प्रायश्चित्त हो सकता है तो मैं करने को तैयार हूँ···इतने बीते हुए जमानों के धूल के नीचे वह सारा-का-सारा आज भी जीवित है···

इला : **(अर्थपूर्ण स्वर में)** मेरा साथ अब कौन दे पायेगा विनय···?

विनय : **(हृदय से निकली वाणी के स्वर में)** ऐसी बात फिर कभी न करना। मैं तुम्हारा साथ अब कभी नहीं छोड़ूँगा···, इन दिनों बराबर तुम्हारे बारे में सोचता रहा···कितना कठिन रहा होगा तुम्हारा जीवन··· इला !···अब हम एक नई शुरुआत करेंगे···जिन्दगी जीने का कोई नियम नहीं होता···इला ! मैं अच्छा लगूँ तो मेरे सिर पर हाथ फेर दो, मैं जी जाऊँगा···और बुरा लगूँ तो···

(इला मुस्कराकर विनय के सिर पर हाथ फेर देती है)

विनय : **(बेहद खुश होकर)** मुझे सब मिल गया···, मैं जी गया···इला !

इला : मैं बहुत बीमार हूँ विनय ! बीमारी भी ऐसी कि···

विनय : मैं तुम्हारा अच्छा-से-अच्छा इलाज करवाऊँगा, तुम बिलकुल ठीक हो जाओगी।

(दृश्य समाप्त)

(लगभग एक महीने बाद। इला की हालत खराब है)

हुमा : **(बहुत प्यार से)**···तुम उठ गईं इला···?

इला : हूँ···

हुमा : लो चाय तैयार है···ये लो दवा···

विनय : माँजीपुर से भैया-भाभी आते ही होंगे···इला ! देखो ! **भाग-दौड़ से** भरा एक मेहनतकश दिन तुम्हारा इन्तजार कर रहा है···

इला : ···मेरे भीतर अब केवल दर्द की अनुभूति है···

विनय : इला ! अस्पताल चलो, तुम्हारी तबियत ठीक नहीं···

इला : नहीं, मुझे कहीं नहीं जाना···

(परिमल और मनोरमा आते हैं)

इला : मनोरमा जी ! ··परिमल जी !···

हुमा : बैठिए न !

मनोरमा : कैसी है आपकी तबियत ?

इला : ठीक नहीं है।

विनय : इला ! साहस नहीं छोड़ते। तुम ठीक हो जाओगी···

इला : ···अब मैं अन्तिम घड़ियाँ गिन रही हूँ···

हुमा : **(आँसू रोकते हुए)** इला ! मेरी एक बात मानोगी ?

इला : तुम रो रही हो पगली ! हमारा मिलन बस इतना ही था···देह को एक न एक दिन प्राणहीन होना ही है, आगमन के साथ विदाई जुड़ी है···मेरे भीतर शोक, दुःख, विरह, भय कुछ नहीं बचा—मैंने यही जाना जीवन में प्रेम भाव ही सत्य है—यही वह सत्य है जो जीवन में सुख, आनन्द और तृप्ति देता है··· **(थक जाती है)**

विनय : ···ज्यादा बोलकर अपने को कष्ट न दो···

इला : मुझे बोलने दो···मेरा दिमाग काम करना बन्द कर दे, उसके पहले मुझे सब कह लेने दो···हुमा ! विनय ! मनोरमा जी ! परिमल जी ! आप सभी से कहती हूँ कि मेरी अन्तिम इच्छा है कि मैं अपना नेत्रदान करूँ··**(थककर चुप हो जाती है)**

विनय : ···इला !···

इला : विनय !···मैंने लिखकर रख दिया है···मेरी मृत्यु के बाद मेरी आँखें परिमल जी को दे दी जायें···विनय ! पास के नेत्र बैंक में जाकर खबर कर दो,···देर मत करो···

मनोरमा : **(कृतज्ञ भाव से)** इला जी !

इला : ···परिमल जी को मेरी आँखें लग जाएँगी और वे मेरी आँखों से दुनिया देखेंगे···मैंने नेत्रदान का फार्म भर दिया है···हुमा,···मेरी दोस्त !···**(हाँफते हुए)** मेरे पर्स में फार्म रखा है···

(हुमा सिसकती है)

इला : ···हुमा ! मैंने जिसे अपनी आँखें दी हैं उन्हें मेरे सामने लाओ···

परिमल : **(कृतज्ञता, दुःख और प्रेम से अवरुद्ध कण्ठ से)**·· आप मुझे उजाले की

सौगात देकर जा रही हूँ···आपको देने के लिए कुछ नहीं मेरे पास···

(इला की गर्दन लुढ़क जाती है)

हुमा : इला ! इला !···

विनय : **(डूबे स्वर में)** इला चली गई···

परिमल : **(निर्विकार स्वर में)**···इला जैसे लोग कभी नहीं जाते···, जाने के उपरान्त भी वे अँधेरे पथ को आलोकित करते हैं···।

छोटा-सा अन्तराल

(एक उच्च मध्यमवर्गीय परिवार की कहानी है यह)

पात्र-परिचय

पल्लवी : एम०ए० पास, आधुनिक विचारों वाली लड़की, उम्र लगभग 22-23 वर्ष

सुधीर : इंजीनियर युवक, आधुनिक विचारों वाला, उम्र लगभग 26-27 वर्ष

पल्लवी की माँ

पल्लवी के पिता

सुधीर की माँ

सुधीर के पिता

सोनल : पल्लवी की सहेली, पल्लवी की हमउम्र। मस्त स्वभाव की।

(सुधीर का घर। सुधीर और उसके माता-पिता के बीच सुधीर के विवाह के विषय पर वार्तालाप)
(सुधीर के सारे व्यवहार में माँ-बाप के प्रति सम्मान भाव तो है, पर वह माँ-बाप की बात से असहमत है)

सुधीर : **(दृढ़तापूर्वक)** मैंने कहा न माँ! मैं लड़की देखने नहीं जाऊँगा···

सुधीर के पिता : **(नाराज़ होकर)** वाह! ये भी कोई बात हुई! तुम्हें जाना ही पड़ेगा। मैंने कुमार साहब को कह दिया है, मेरा लड़का मद्रास से आ रहा है, उसे लड़की पसन्द आ जाए तो शादी पक्की समझिए···

सुधीर : **(समझाते हुए)** मगर पिताजी, किसी भी लड़की को देखकर पसन्द या नापसन्द करना लड़की का अपमान है···

(सुधीर की माँ बाप-बेटे को देख रही है।)

सुधीर के पिता : ये दुनिया का दस्तूर है।

सुधीर : लेकिन मुझे यह एकदम गलत लगता है··· **(ठहरकर)** और एक मिनट मान लीजिए कि लड़की ही मुझे इनकार कर दे तो ?

पिता : तुम लड़कियों के बारे में जानते ही क्या हो ?

(सुधीर अब क्या कहे की मुद्रा में चुप हो जाता है)

माँ : **(समझाते हुए)** बेटा, लड़की पढ़ी-लिखी है, सुना है सुन्दर भी है, परिवार कुलीन है और वे लोग कला और साहित्य में रुचि रखते हैं···

सुधीर : माँ ! तुम समझ नहीं रहीं, लड़की कोई वस्तु नहीं कि हम एक खरीददार की हैसियत से उसका सौदा करें···मुझे···मुझे ये सब रीडीकुलस लगता है।

माँ : सुधीर ! ये नासमझी है !

सुधीर : क्यों ? नासमझी की कौन-सी बात है इसमें ?

पिता : इतना कारोबार चलाता हूँ, मगर तुम्हें समझने की बुद्धि नहीं मेरे पास !

माँ : **(रुख बदलकर)** क्या तुमने मद्रास में कोई लड़की पसन्द कर रखी है ?

सुधीर : नहीं, ऐसी कोई बात नहीं, मेरा विश्वास करो, माँ !

पिता : फिर क्या एतराज है ?

सुधीर : मेरा मन इस तरह किसी लड़की को देखने की इजाजत नहीं देता। विवाह कोई लॉटरी नहीं है कि···

सुधीर के पिता : **(आदेशात्मक स्वर में)** तुमको वहाँ छः बजे चलना होगा, मैं उन्हें वचन दे चुका हूँ।

सुधीर : **(पिता के आदेश की अवहेलना कर)** माँ ! मैं बाहर जा रहा हूँ, लौटने में देर हो जाएगी, **(जाते-जाते)** तुम लोग मेरा इन्तजार मत करना।

सुधीर के पिता : **(नाराज होकर)** जो तुम्हारे मन में आए करो।

(सुधीर बाहर निकल जाता है।)

सुधीर के पिता **(सुधीर की माँ से नाराज होकर)** तुमने उसे रोका नहीं, मैं नाराज़ हो गया तो क्या तुम नहीं रोक सकती थीं ?

सुधीर की माँ : **(झल्लाकर)** यहाँ तो सब अपनी मर्जी के मालिक हैं। मेरी स्थिति तो निर्दलीय सदस्य जैसी है। मैं अपना असन्तोष और आक्रोश प्रकट करने के सिवा कर ही क्या सकती हूँ ? **(ठहरकर)**

ये लड़का भी जिद पर उतर आया है, कहता है शादी एक लॉटरी है !

सुधीर के पिता : शादी लॉटरी हरगिज नहीं है, लॉटरी में तो चांस भी होता है।

(दृश्य समाप्त)

(पल्लवी का घर। यहाँ पल्लवी अपने माता-पिता से विरोध कर रही है।)

पल्लवी : **(बहुत गुस्से में)** ये क्या बात हुई ? इंजीनियर हैं तो इसका ये मतलब नहीं कि वे मुझे इस तरह आकर देखें।...वे मुझे समझते क्या हैं ?

माँ : यह क्या पागलपन है, पल्लू !

(पल्लवी के पिता वहीं बैठे अखबार पढ़ रहे हैं, और इनकी बातें भी सुन रहे हैं।)

पल्लवी : पापा, आपने मुझे आत्मनिर्भर बनने का पहला पाठ पढ़ाया है...**(ठहरकर)** आप ही बताइए। लड़की का अपना एक स्वतन्त्र व्यक्तित्व नहीं होता ? हमारा सारा सामाजिक परिवेश लड़कियों को एक माल की तरह पेश करता है, माल की तरह स्वीकार करता है। अब लड़कियों को समझ लेना चाहिए कि ऐसी बातों का उन्हें दृढ़तापूर्वक इनकार करना है... **(पल्लवी के पिता चुप हैं। पल्लवी रुआँसी होकर)** पापा, आप बोल क्यों नहीं रहे ? आपके बोलना बन्द कर देने से मेरे सारे तर्क बेकार हो जाते हैं...

पिता : हूँ...सुन रहा हूँ, लेकिन यह परिवार बहुत अच्छा है, और लड़का भी...

पल्लवी : तो प्लीज उनसे कह दीजिए कि किसी लड़की का इस तरह तमाशा न बनाएँ...

माँ : **(नाराज होकर)** तुम्हें करना क्या है ? सारा इंतजाम तो मुझे करना है।

पल्लवी : तो ये सब करने की जरूरत ही क्या है ?

माँ : **(बिगड़कर)** मैं तुम्हारी माँ हूँ कि नहीं ? मेरी बात सुनो ! इतना अच्छा सम्बन्ध पागलपन करके खो देना है क्या ?

पल्लवी : लेकिन...

माँ : लेकिन-वेकिन कुछ नहीं। वे छः बजे आ रहे हैं। तुम्हें उनके सामने रहना है। **(स्वर बदलकर)** तुम दोनों का जोड़ा बहुत सुन्दर लगेगा...

पल्लवी : माँ ! मुझे तो लगता है हम केवल रहन-सहन से आधुनिक हैं, विचारों से नहीं।

माँ : (**पल्लवी के पिता से**) मैं कहती न थी ! अपनी लाड़ली बेटी को ज्यादा सिर मत चढ़ाओ। अब सुनो ! और भेजो डिबेट कम्पीटीशन्स में। (**पल्लवी से**) आखिर मंशा क्या है तेरी ? तेईस की हो गई, कब करोगी शादी ?

पल्लवी : (**आवेश में**) न हो शादी। पर मुझसे यह न होगा।

(**पल्लवी के पिता चुप हैं**)

माँ : आप कुछ कहते क्यों नहीं अपनी दुलारी बेटी को ?

पिता : मेरे पास चुप रहने के सिवाय दूसरा कोई चारा नहीं।

पल्लवी : (**क्रोध और रोने जैसे मिश्रित भाव से**) अपनी ही मान्यताओं के बीच खोखला होना बहुत तोड़ता है !··· माँ, मैं सोनल के घर जा रही हूँ··· (**जाते-जाते**) मेरा इन्तजार मत करना···।

(**पल्लवी निकल जाती है। माता-पिता देखते रह जाते हैं।**)

माँ : क्या जमाना आ गया ! मैंने शादी के पहले तुम्हें देखा तक न था···

पल्लवी के पिता : 'बिन देखे और बिन पहचाने तुम पर हम कुर्बान' का जमाना नहीं रहा अब श्रीमती जी !

(**दृश्य समाप्त**)

(**पल्लवी सोनल के घर। उसका चेहरा गुस्से से तमतमाया है।**)

सोनल : क्या बात है पल्लू ! इतनी परेशान क्यों है ?

पल्लवी : (**नाराजगी से**) आज शाम मुझे देखने एक लड़का आ रहा है।

सोनल : (**बड़े इतमीनान से**) तो इसमें इतना नाराज होने की क्या बात है ?

पल्लवी : (**बिगड़कर**) तुम भी वही कह रही हो ? आत्मसम्मान भी कोई चीज होती है। मैं इसे सरासर गलत मानती हूँ और इसी विरोध में घर छोड़कर तुम्हारे पास आई हूँ···

सोनल : (**मजाक के अन्दाज में**) विरोध करना हो तो जमकर करना चाहिए। ऊँचे स्तर के विरोधी को मन्त्री का दर्जा मिलता है।

पल्लवी : (**गुस्से में**) तुम्हें मजाक सूझ रहा है ?

सोनल : कुछ लोगों के लिए विरोध और क्रोध पर्यायवाची होते हैं, वे अपना विरोध केवल क्रोध से ही प्रदर्शित करते हैं। (**ठहरकर**)

पल्लवी ! सही तरीके से विरोध करना एक महान कला है। एक कवि विरोध को शब्दों में बांधकर महान कवि बन गया।···

(पल्लवी इन बातों पर ध्यान नहीं देती)

पल्लवी : यूनिवर्सिटी में नारी अधिकारों को लेकर लड़ने वाली पल्लवी को उसने नापसन्द कर दिया तो ? क्या रह जाएगी मेरी इज्जत ?

सोनल : (उसी चुहल के अन्दाज़ में) तुमको 'ना' कहना और वेस्ट-इण्डीज से हमारा क्रिकेट जीतना—बराबर है।

पल्लवी : (अपने ही आवेश में) हमारा भी अहं है, हिन्दुस्तानी औरत कोई···

सोनल : (बीच ही में) हिन्दुस्तानी औरत की तरह हैरतअंगेज चीज कोई दूसरी नहीं, औरत यानी पीर, बावर्ची, भिश्ती, खर ! सबके गुण ! सबके काम !

(कॉल बेल बजता है। सोनल दरवाजे की तरफ देखती है)

इस वक्त कौन हो सकता है भला ?

(सोनल दरवाज़ा खोलती है। बाहर सुधीर खड़ा है।)

सोनल : सुधीर भाई ! आप ! नमस्ते !

सुधीर : विमल है ?

सोनल : विमल भैया तो अम्मा के साथ बाजार गए हैं···ओह ! आइए तो···आपको अपनी सहेली से मिलवाऊँ···।

सोनल : पल्लवी, ये हैं सुधीर भाई। मेरे विमल भैया के दोस्त ! दोनों मद्रास में एक ही कम्पनी में हैं। साथ-साथ छुट्टियाँ मनाने यहाँ आए हैं। (सुधीर से) ये है पल्लवी, मेरी फ्रेण्ड !

सुधीर : नमस्ते।

पल्लवी : नमस्ते।

सोनल : हम लोग अभी लड़की देखने-दिखाने की बात कर रहे थे, सुधीर भाई !

सुधीर : (हँसकर) क्यों ? तुम्हें कोई देखने आ रहा है क्या ?

सोनल : अँ···हँ··· (पल्लवी को देखकर) ऐसा ही समझिए। मामला कुछ कॉम्प्लिकेटेड हो गया है। आप बताइए न ! लड़की दिखाने का रिवाज़ कहाँ तक उचित है ?

(सुधीर कुछ सोचने लगता है। पल्लवी उत्सुकतापूर्वक

उसका जवाब सुनना चाहती है।)

सुधीर : (गम्भीरता से) देखो सोनल ! औचित्य का समर्थन तो आदमी के अपने भीतर से उगता है। वैसे परसनली मैं इसे उचित नहीं मानता। किसी के रूप की उपेक्षा करना उसका अपमान है। मैं मानता हूँ कि रूप रंग में नहीं, अन्तरंग में होता है···(दोनों ध्यान से सुनती हैं।)···लड़की की अपनी अलग पहचान होनी चाहिए, उसका अपना व्यक्तित्व मायने रखता है···

पल्लवी : (बेहद खुश होकर, प्रभावित होकर) सच ! मैं भी ऐसा ही मानती हूँ। प्रतिष्ठा तो मानवीय जरूरत है। हमें एक कामाडेटी की तरह पेश करने का मतलब हुआ हमारे भीतर अधीनता का भाव जगाना···और ये···ये मेरे आत्म-सम्मान के खिलाफ है।

सोनल : यही तो है एवेकनिंग !

पल्लवी : हम हमेशा से आदी रहे हैं औरत को हीन बनाकर, हेल्पलेस बनाकर पेश करने के···अब हेल्पलेसनेस भला कोई मानवीय गुण होता है ?

सुधीर : हूँ···हम पढ़े-लिखे हैं, शिक्षित हैं, हम में पहल और सुधार की भावना होनी चाहिए। हमें एक बेहतर समाज बनाना चाहिए···

(पल्लवी सुधीर की बातों से बहुत प्रभावित होती है।)

सोनल : मैं अभी चाय लेकर आती हूँ···

(सोनल अन्दर जाती है। पल्लवी और सुधीर के बीच एक अनकहा नाजुक अहसास घटित हो जाता है। पल्लवी कुछ शर्माती है और उठकर अन्दर सोनल के पास रसोई में आती है। सोनल चाय बना रही है।)

सोनल : (पल्लवी को देखकर) वाह ! गुलाब वहाँ (जहाँ सुधीर बैठा है, उधर इशारा कर) खिला और रंग तुम्हारे गालों पर फैला···

पल्लवी : सोनल ! इनके विचार कितने सुलझे हुए और नेक हैं···

सोनल : एक बात कहूँ···

पल्लवी : हूँ···कहो···

सोनल : तुम इनके साथ खुश रह सकोगी।

(पल्लवी की आँखें अपने-आप झुक जाती हैं।)

सोनल : (अन्दाज से) "कौन कहता है मुहब्बत की जुबाँ होती है।
ये हकीकत तो निगाहों से बयाँ होती है।।"

(दोनों सुधीर के पास आती हैं। सोनल चाय देती है सबको)

पल्लवी : (घबराकर) हे भगवान ! बाहर इतना अंधेरा हो गया, बातों-बातों में वक्त का पता ही न चला।

सोनल : बैठो न !

पल्लवी : (घबराकर) नहीं, नहीं, मेरी माँ परेशान हो रही होंगी···

सोनल : सुधीर भाई ! आप कार से आए हैं न ?

सुधीर : हाँ।

सोनल : प्लीज, सोनल को रास्ते में ड्राप कर दीजिए···

सुधीर : (पल्लवी से) चलिए···

(दोनों कार में बैठते हैं। सोनल दोनों को देखकर अर्थ-पूर्ण अन्दाज से मुस्कुराती है।

(कार में दोनों चुपचाप जा रहे हैं, पर एक मधुरता है—मौन में)

पल्लवी : मद्रास तो दिल्ली से दूसरे किस्म का महानगर है न !

सुधीर : हूँ···वहाँ कुछ है जो अच्छा लगता है,···लहराते सागर मन को बाँधते हैं···

(फिर एक चुप्पी)

एक बात पूछूं ?

(पल्लवी घबराहट में हाँ या ना कुछ भी नहीं कह पाती)

मैं आपके पिता जी से मिल सकता हूँ ?

पल्लवी : हाँ, वे मेरी राह देख रहे होंगे।

(सुधीर कार का टेप चला देता है, टेप बजता है)

"जान के सब कुछ, कुछ भी न जाने
हैं कितने अनजाने लोग···"

(दोनों अपने खयालों में खोये हैं। कार बहुत आगे निकल जाती है।)

सुधीर : ओह ! मॉय गाड ! कहाँ पहुँच गया ! आपने भी नहीं बताया···

(पल्लवी कुछ नहीं कहती। सुधीर कार बैक करता है।)

(दृश्य समाप्त)

(सुधीर का घर। उसके माता-पिता उसके न आने से परेशान हैं।)

सुधीर की माँ : सात बज गये। अब तक सुधीर का पता नहीं। अब क्या होगा ?

सुधीर के पिता : (बिगड़कर) होना क्या है ? मैंने पहले ही कहा था, वह नहीं जाएगा··· (परेशानी में टहलने लगते हैं) सुधीर को ये शादी करनी नहीं है···(फोन की तरफ हाथ बढ़ाते हुए) उनसे माफी माँग लूँ कि भाई···

माँ : उन लोगों ने बहुत तैयारी की होगी, वहाँ जाकर ही माफी माँगनी चाहिए···

पिता : तो फिर जल्दी करो, अब और देर मत करो···

(इधर पल्लवी के माता-पिता उसके न आने से परेशान हैं)

पल्लवी के पिता : (दुःखी गम्भीर स्वर में) पल्लवी ने सारी तैयारी पर पानी फेर दिया, अब लड़के वाले आएँगे तो क्या जवाब देंगे ?

(तभी कॉल-बेल बजती है। दोनों एकदम घबरा जाते हैं। पल्लवी के पिता दरवाजा खोलते हैं। वहाँ सुधीर के माता-पिता हैं। दोनों तरफ घबराहट और शर्मिंदगी है। सभी अभिवादन करके बैठते हैं। बात कैसे शुरू करें ये किसी की समझ में नहीं आता। यों ही झूठमूठ बात करने की गरज से वे बात करते हैं।)

सुधीर के पिता : इस सप्ताह मेरा राशिफल अच्छा नहीं आया···

पल्लवी की माँ : मेरा तो अच्छा आया था मगर···

पल्लवी के पिता : (अर्थपूर्ण स्वर में) राशिफल न अच्छे होते हैं न खराब ! वे बस ऊहापोह की स्थिति बनाये रखते हैं।

सुधीर की माँ : जिस सप्ताह मेरी दादी के निरोग और सानन्द होने की बात लिखी थी, उसी सप्ताह उनका स्वर्गवास हुआ था···

सुधीर के पिता : कभी-कभी सोचता हूँ बजाय दूसरे सवाल करने के यक्ष ने युधिष्ठिर से ये पूछा होता कि ऐ युधिष्ठिर ! विभिन्न पत्र-पत्रिकाओं में छपा एक ही राशि का भविष्य अलग-अलग क्यों होता है ?

(सभी झूठी हँसी हँसते हैं। फिर एक अजीब-सी चुप्पी छा जाती है।)

सुधीर के पिता : हमारे देश में कितनी समस्याएँ हैं, बढ़ती आबादी, बेरोजगारी, विघटन-वृत्ति···

पल्लवी के पिता : मगर मुझे तो सबसे बड़ी समस्या जेनरेशन गैप की लगती

है···

सुधीर के माता-पिता : (एक साथ) जी, एकदम सही कह रहे हैं आप !

सुधीर के पिता : हम बीच की पीढ़ी हैं, हमें केवल उलझन-भरी गुत्थियाँ मिली हैं···

पल्लवी की माँ : हाँ, हमारी पीढ़ी पुरानी परम्परा को पूरी तरह निभा नहीं पाती, न उसे छोड़ ही पाती है···

सुधीर के पिता : पहले हम बाप की सुनते थे, अब बेटे की सुनते हैं। हमारी किस्मत में सुनना ही लिखा है···

(कॉल बेल बजती है। पल्लवी की माँ दरवाजा खोलती है। वहाँ पल्लवी सुधीर के साथ खड़ी है। पल्लवी की माँ हैरानी से प्रश्नवाचक दृष्टि से सुधीर को देखती है।)

पल्लवी : (झिझककर) ये आप लोगों से मिलने आये हैं, इनसे मेरी मुलाकात सोनल के घर हुई···

(इसी बीच सुधीर के माँ-बाप की नजर उस पर पड़ती है। दोनों उसे वहाँ देखकर चकित रह जाते हैं।)

सुधीर की माँ : सुधीर ! तुम ! यहाँ !

(सुधीर पहले तो माँ-बाप को देखकर चौंकता है, पर जल्दी ही समझ जाता है, और धीरे से मुस्कुरा देता है।)

सुधीर के पिता : हम लोग तुमको यहीं आने के लिए कह रहे थे बेटे !

पल्लवी की माँ : (हैरानी से) ये आपके लड़के हैं ?

सुधीर के पिता : जी हाँ।

(पल्लवी के पिता पल्लवी के चेहरे से सब समझ जाते हैं। पल्लवी खुश है और कुछ-कुछ लज्जित भी।)

पल्लवी के पिता : कभी-कभी आदमी जो सोचता है वह हो भी जाता है।

सुधीर की माँ : छोटे-से अन्तराल में दो पीढ़ियों के ओर-छोर मिल गये···

(चारों माता-पिता हँसते हैं। सुधीर और पल्लवी धीमे-धीमे मुस्कुराते हैं।)

उष्मा

(विदेश में बसे सम्पन्न, समृद्ध, शिक्षित भारतीय परिवार के घर का परिवेश)

पात्र-परिचय

विवेक : एक उच्च स्थान में उच्च पद पर—उम्र 45 वर्ष
श्यामला : विवेक की पत्नी, स्वयं कार्यरत—उम्र 40 वर्ष
मिलिन्द : विवेक-श्यामला का पुत्र—उम्र 18 वर्ष
महिमा : विवेक-श्यामला की पुत्री—उम्र 16 वर्ष
माँ : श्यामला की माँ

विवेक : (पुकार कर आते हुए) श्यामला···!

(श्यामला बच्चों के कमरे में पुराने पत्र पढ़ रही है।)

(विवेक मानो टाई बांध रहा है।)

विवेक : ···श्यामला ! मुझे जाना है, तुम यहाँ पत्र पढ़ रही हो···?···कितनी बार पढ़ोगी अपनी माँ की पुरानी चिट्ठियों को···

श्यामला : (उदास स्वर में) अब तो माँ की ये चिट्ठियाँ ही रह गई हैं···मैं आजकल हर बात में हिन्दुस्तान को मिस करती हूँ···

विवेक : (श्यामला की मनःस्थिति से अनभिज्ञ, हँसकर) हमारे यहाँ सम्बन्धों और रिश्तों की जड़ें बहुत मजबूत हैं। मुझे तो घर में ऐसा लगता ही नहीं कि हम विदेश में हैं।···हाँ, कल वहाँ हिमांशु मिला था,···वह भी यही कह रहा था कि भारतीयता को मिटाना असम्भव है···

श्यामला : मेरा तो जी उचाट रहता है···, कुछ अच्छा नहीं लगता, यहाँ के मौसम से दुःखी हूँ, धूप देखने को तरस गई हूँ···

विवेक : हिमांशु इण्डिया जा रहा है, पूछ रहा था, बच्चों के लिए कुछ मँगवाना है ?···ये मिलिन्द और महिमा कहाँ हैं ? जॉगिंग पर गये हैं···?

श्यामला : बच्चे सुबह से गायब हैं।

विवेक : क्या मतलब ?

श्यामला : (**नाराज स्वर में**) सूरज समुद्र में कब का डुबकी लगा चुका और बच्चे अभी तक नदारद हैं···

विवेक : सात ही बज रहे हैं न ! कोई प्रलय तो नहीं आ गया जो तुम इतना परेशान हो रही हो···। रिलेक्स !

श्यामला : रिलेक्स कह देने से क्या होता है? मेरी चिन्ता वैसे ही बनी है, पता नहीं कहाँ रह गये दोनों···?

विवेक : बर्फ के कारण ट्रैफिक रुक गया होगा। बर्फ पर पहिए फिसलने लगते हैं, इसलिए देर हो गई होगी···

श्यामला : (**परेशान स्वर में**) यहाँ की बस्तियों का हाल सुनकर कलेजा काँपता हैं, पता नहीं क्या क्रेज है ? बच्चे कान छेद कर छल्ला डाल लेंगे, बालों को जयपुरी चुनरी की तरह रँग डालेंगे···

विवेक : हर समाज की तरह यहाँ भी अच्छा और बुरा है, ये तो हम पर है कि हम क्या ग्रहण करते हैं।···

श्यामला : ज़रा कमरा देखिए इनका···, कबाड़खाने की तरह···, मुसी हुई चादरें···, ऐड़े-बेड़े तकिये···, कॉमिक्स···, बुक्स···, कैलकुलेटर··· क्या हो गया है इन बच्चों को···? बस घर में जोर से म्यूजिक लगाकर थिरकते रहेंगे···

विवेक : ओह ! डोण्ट बी सेण्टीमेण्टल फूल ! दे आर किड्स ! यू नो। रिलेक्स ···डार्लिंग !

श्यामला : वे बच्चे नहीं अब ! मिलिन्द अट्ठारह का है और महिमा सोलह की। महिमा के कार्ड पर रिमार्क लिखा था—शी इज वीक इन लैंग्वेज एण्ड मैथेमेटिक्स ! शी टेक्स नो इण्टरेस्ट इन स्टडीज !···मिलिन्द जिद्दी हो गया है···, एक तो दोनों दिन-भर आवारागर्दी करते हैं···; ऊपर से इनकी इतनी हिम्मत बढ़ गई है कि जबान लड़ाने लगे हैं··· समझ में नहीं आता कि ये क्या करेंगे···?

विवेक : (**तंग आकर**) दिमाग जब बेलगाम सोचने लगता है तो न मालूम कहाँ-कहाँ दौड़ने लगता है···

श्यामला : जैसे मैं दिन-भर फालतू सोचने के लिए फ्री रहती हूँ। घर देखना, खर्च का ब्योरा रखना, आय-व्यय का संतुलन रखना, खाना बनाना, कपड़े धोना, इस्तरी करना, सबको पत्र लिखना—सब तो मुझे ही करना पड़ता है।···और मुझे अभी थ्योरी पर एक किताब लिखनी है, जल्द से जल्द। अगले साल तक किताब प्रेस में देनी है।

विवेक : (**खीजकर**)···इसमें मैं कुछ नहीं कर सकता···

श्यामला : (झल्ला कर) हाँ, आपको घर से क्या मतलब ? आप तो फ्लाइट से आते सीधे दफ्तर चले गये···अभी आये, फ्रेश होकर फिर जा रहे हैं, न जाने कितनी रात को थककर लौटें··

विवेक : थकना तो है ही, कितनी भाग-दौड़ करनी पड़ी है। लौटकर परसों के सेमिनार के लिए नोट्स तैयार करनी है···, मैं इस समय इन बातों के मूड में नहीं हूँ।

श्यामला : कैसे बाप हैं ? बच्चे बिगड़ रहे हैं और आप हाथ पर हाथ धरे बैठे रहेंगे···

विवेक : (बिगड़कर) तुम तो बात का बतंगड़ बना देती हो। बच्चों को सभी तरह की सुविधाएँ तो दे रखी हैं। पढ़ने के लिए अलग कमरे, खेलने के लिए स्थान, टी॰ वी॰ रूम ! जो चाहा दिया···, बेकार हाय-तोबा मचा रही हो। एक बात सुन लो श्यामला ! जीवन मौलिक रूप से तात्त्विक है—उसके नतीजे चाहे सुखदायी हों या दुःखदायी—पहले से तय रहता है, इस तरह···

श्यामला : एक तो मैं वैसे ही परेशान हूँ, उस पर आपका प्रवचन सुनने की ताकत नहीं मुझ में—कम-से-कम अभी··

(मिलिन्द सिर झुकाये प्रवेश करता है।)

विवेक : आ गया मिलिन्द !···(मिलिन्द से, नरम स्वर में) बेटे ! ये रोज-रोज तुम निकल जाते हो, आखिर तुमको पढ़ना-लिखना भी तो है। मैं देख रहा हूँ तुम्हारी पढ़ाई-लिखाई सब चौपट हुई जा रही है। इस तरह तो यह सब नहीं चलेगा···

(मिलिन्द चुप है)

···तुमको छूट दी, आजादी दी, पर इसका ये मतलब तो नहीं कि तुम इसका नाजायज फायदा उठाओ···

श्यामला : (बिगड़कर, ऊँचे स्वर में) मैं कहती हूँ इस तरह निहायत बेढंगेपन से कपड़े पहनना बन्द करो—जब देखो मुँह उठाये घूम रहे हो। है कुछ पढ़ाई-लिखाई का होश···इम्तिहान सिर पर चढ़े आ रहे हैं···

मिलिन्द : (स्वर में अवज्ञा और उपेक्षा) आई डिसलाइक दिस टोन !

विवेक : श्यामला ! तुम चुप रहो। मिलिन्द ! मैं तुम से कह रहा हूँ, सचमुच तुम्हारा मन अब पढ़ाई-लिखाई करने का बिलकुल नहीं है ? इधर, मेरी आँखों में सीधा देखकर मेरे सवालों का सही और साफ जवाब दो···!

मिलिन्द : (लापरवाही से) आई डोण्ट लाइक द सिस्टम ! दे आर बोर्स।

विवेक : (आवेश में आकर) प्लीज स्टाप इट ! तुम अभी बात नहीं कह रहे हो।

यहाँ के बच्चे जो कहते हैं, तुम वही सुनी-सुनायी बात दोहरा रहे हो···

मिलिन्द : (उसी ढिठाई से) मेरे दोस्तों के डैड की तरह आप सोचते हैं। मैं अपने दोस्तों की तरह सोचता हूँ तो इसमें गलती कहाँ है ?

(विवेक मिलिंद के एकदम करीब आ जाता है ।)

विवेक : देखो मिलिन्द ! तुम अपने मित्रों की बात उठाकर खुद को सही साबित करने की कोशिश मत करो···(मिलिन्द को सूंघते हुए)··· तुमने शराब पी है ?

मिलिन्द : (धृष्टता से) नहीं···

विवेक : (अपने पर नियन्त्रण खोकर) लायर ! झूठ बोलते तुम्हें शर्म नहीं आती ?···तुम्हारे मुंह से बदबू आ रही है···कुछ तो लिहाज करो···

मिलिन्द : (बेशर्मी से) हाँ, हाँ, मैंने शराब पी है, और पीऊँगा, आपको बुरा लग रहा है तो मैं जा रहा हूँ···

विवेक : क्या हालत हो गई है तुम्हारी ? बेटे ! तुम जिन्दगी से भाग रहे हो, यह पलायन है···

मिलिन्द : (हिकारत से) ये सारे लोग और आप जो भागे जा रहे हैं, ये डरते हैं अपने आप से मुलाकात करने में। सो दे कीप देमसेल्व्स् बीजी··· अपने मे बचने के लिए नाटक करते हैं ।

विवेक : ओह गॉड ! मिलिन्द ! पढ़-लिख जाओ, अपने पैरों पर खड़े हो जाओ, फिर जो चाहो···

मिलिन्द : मेरे पैर पर खड़े होने की बात क्यों करते हैं ? खा-कमा तो अब भी सकता हूँ।

विवेक : यह तुम्हारा बचपना है, क्षणिक आवेग है। तुम खुद नहीं जानते हो कि क्या बोले जा रहे हो, और उसका परिणाम क्या होगा···!

मिलिन्द : मुझे किसी परिणाम का डर नहीं···

विवेक : (ऊँचे स्वर में) कैसे नहीं परिणाम का डर··? (स्वर को नरम कर) ···क्या तुम वापस पहले की तरह अच्छे नम्बरों से पास नहीं होना चाहते ?···हम हैं न तुम्हारी मदद के लिए···

मिलिन्द : (हिकारत से) मदद ? आप ? नो प्लीज ! मैं बिना आपकी मदद के भी जी लूंगा—हजार-हजार लोग बिना मदद के जी रहे हैं···और आपकी तो सारी एनर्जी सेमिनार और कांफ्रेंस में खर्च हो जाती है···

विवेक : (तंग आकर) यू आर अ फूल ! तुम्हारे इम्तिहान के रिपोर्ट, और तुम्हारी बेपरवाह हरकतें···

मिलिन्द : **(व्यंग से)** अपनी उम्र में आप क्या-क्या करते होंगे···वह कौन जानता है ?

विवेक : **(आवेश में आकर)** यू शट अप ! ह्वाट अ पीटी···!

श्यामला : **(डांटते हुए)** तुम्हारे डैड की तरह आज्ञाकारी, मेधावी और मेहनती लड़के को इण्डिया में लोग आदर्श मानते हैं···बच्चों को इनकी बातें सुनाते हैं···

विवेक : **(एकदम खिन्न होकर)** मेरी कार की चाभी कहाँ है ?

श्यामला : महिमा ले गई है। आप मेरी कार ले जा सकते हैं···

विवेक : **(झल्ला कर)** उसे चाभी देने को किसने कहा था ?···क्या परीक्षा में फेल होने के उपलक्ष्य में चाभी दी है···इट इज सिम्पली इम्पासिबिल !···ओह आइ एम आलरेडी लेट ! बीस किलोमीटर का रास्ता है···

(विवेक गुस्से में निकल जाता है।)

श्यामला : मिलिन्द ! तुम सिर्फ अपनी पढ़ाई का ही नहीं, अपनी पूरी जिन्दगी का सत्यानाश कर रहे हो···

मिलिन्द : प्लीज स्टाप इट !

श्यामला : **(बिगड़कर)** मुझे पागल मत बनाओ···, मैं तुम्हारे भविष्य के लिए···

मिलिन्द : मेरा वर्तमान तहस-नहस होता है तो किसी की बला से—मेरा भविष्य ठिकाने लगाने में···

(कहता-कहता मिलिन्द अपने कमरे में चला जाता है और जोर-जोर से हेवी मेटल म्यूजिक बजाने लगता है। तभी बाहर से महिमा आती है।)

श्यामला : **(कड़े स्वर में)** महिमा ! ये घर लौटने का वक्त है ?···न ओढ़ने का ढंग न पहनने का होश···दिन-दिन भर से गायब रहती हो··· **(कड़क कर)** महिमा !

महिमा : **अवज्ञा के साथ, सपाट स्वर में)** आपने जो कहा वह सुन तो लिया मैंने···आप मेरी फिक्र छोड़िए···अपना कैरियर देखिए···

(पृष्ठभूमि से संगीत का स्वर सुनाई दे रहा है।)

श्यामला : (पागल-सी होकर) बौरा गए हो तुम लोग ?

महिमा : कहा न ! मेरे लिए फिक्र करने की जरूरत नहीं है, यू हैव नो राइट एण्ड आई हेट इट···

(संगीत तेज हो जाता है।)

श्यामला : बन्द करो ये शोर—! महिमा ! तुम घर पर बताकर जाया करो।

महिमा : ये आपका हुक्म है ?

श्यामला : यही समझ लो।

महिमा : नो। आई कांट। मैं ऐसे हुक्म नहीं मान सकती···

श्यामला : मानना पड़ेगा। घर में एक डिसिप्लिन होता है···

महिमा : घर है तभी तो। यहाँ तो आजादी से रहने दीजिए···

श्यामला : आजादी का मतलब स्वच्छन्दता नहीं होता है···

महिमा : आप तो घर को जेल बनाकर रख देंगी।

श्यामला : जेल ?

महिमा : और क्या ? कौन-सी कसर छोड़ी है आपने ? मेरे फ्रेन्ड्स के लिए समय की कोई पाबन्दी नहीं···क्यों ? बहुत आश्चर्य हो रहा है ?

श्यामला : (बिगड़कर) मुझे परेशान मत करो···

महिमा : आपको गुस्सा किस बात का आ रहा है ?

(महिमा चली जाती है। संगीत तेज हो जाता है। श्यामला अपने कमरे में अपने बिस्तर पर सिसक-सिसक कर रोने लगती है।)

श्यामला : (सिसककर, स्वगत)···माँ ! तुमने कैसे गृहस्थी चलाई ? कैसे बच्चे पाले···? कैसे संस्कार दिए···? मुझसे कौन-सी खता हो गई जिसका बदला ये इस तरह से ले रहे हैं ?···आखिर इन्हें क्या हो गया है ?···

(एक रूहानी संगीत)

माँ : रूहानी आवाज में, आवाज में गहरी आत्मीयता) ···श्यामला !···

श्यामला : यह तो माँ की आवाज है···तुम कहाँ से बोल रही हो माँ···?

माँ : ···तुम्हारे ही भीतर से···, मैं तुम्हारे चेतन-अबचेतन में सदा रहती हूँ···

श्यामला : (हारे हुए स्वर में)···माँ ! मेरा आत्मविश्वास डोल गया है। आजकल बड़ी थकी-हारी, क्लांत हूँ। देह, मन कुछ भी स्वस्थ नहीं है। बच्चों ने स्नेह के सारे बंधन तोड़ डाले।···आवारा हो गए हैं। हर समय कलह मची रहती है। हमारी बात नहीं सुनते··· ये अपने देश के महापुरुषों को नहीं जानते, अपने तीज-त्यौहारों को नहीं मानते···

माँ : इसका दोष इन्हें दूँ या तुम्हें ? तुम्हीं अपनी सभ्यता-संस्कृति को याद नहीं करतीं···

श्यामला : माँ !···याद तो उसे करते हैं जिसे हम भूल जाते हैं। यहाँ तो लगता है जिस्म यहाँ है और दिल मुल्क में छोड़ आये हैं।···मैंने तो

इनसे बराबर मातृभाषा में ही बात की ताकि ये अपनी भाषा स्वाभाविक रूप से सीख सकें···

माँ : जानती हूँ···, पर गलती तुम्हारी ही है···

श्यामला : मेरी ?

माँ : हाँ, अपना नाम ऊँचा करने के लिए ऊँची-ऊँची डिग्रियाँ चाहिए··· केवल कैरियर का सोचना···बच्चों को वास्तविक जरूरतों को भूल जाना···कभी-कभी मिलिन्द और महिमा बनकर भी सोचा करो···

श्यामला : ···माँ !···

माँ : ऐसा होता है श्यामला ! जिन परिस्थितियों के प्रति बच्चों के मन में खीज, ऊब और नफरत होती है उन्हीं परिस्थितियों के बीच जीने की विवशता उन्हें विद्रोही बनाती चली जाती है···

श्यामला : माँ !···

माँ : तुम्हारी व्यस्तता ही इनके विद्रोह का कारण है···

श्यामला : माँ ! आजकल सभी औरतें काम करती हैं। तुम तो जानती हो मुझ पर कितना काम का दवाब रहता है, काम ही काम, कितना भी करो···

माँ : सब जानती हूँ, तुम्हें काम है। लेकिन हर समय तुम्हारा काम का रोना बच्चों के दिलो-दिमाग पर कितना बोझ डालता है···ये तुमने कभी नहीं सोचा···बचपन की कच्ची उम्र में अपने छोटे-छोटे सुख-दुख से महत्त्वपूर्ण और कुछ नहीं होता···तुम्हारी अनवरत भाग-दौड़, आपा-धापी में बच्चे सहमे रहते हैं। गन्दे मोजे, टूटे बटन या आलू के परांठे के लिए बच्चे किस पर चिल्लाएँ ?···अपनी ख़ुशी या ग़म का इजहार किससे करें ?···फिर तुम्हारी दुर्दम्य महत्त्वाकांक्षा का तनाव···

श्यामला : माँ ! उन्हें स्थिति को समझना चाहिए···

माँ : यह समझ तो उम्र के साथ ही होगी···ये क्या सन्धि छू रहे हैं, अभी अल्हड़ता और बचकानी हरकतों से नाता नहीं छूटा है···बच्चे को सिर्फ खिला-पिला देना और उनके लिए कीमती कपड़े और खिलौने जुटा भर देना ही तो माँ-बाप का दायित्व नहीं है···

श्यामला : तुम ये सब कैसे कर पाईं माँ ! · हमें पढ़ाया, अपना काम भी किया···घर पर एक न एक मेहमान बना ही रहता था···

माँ : बेटी ! स्त्री का जीवन चुनौती से भरा होता है क्योंकि वह घर की जमीन होती है···

श्यामला : मैं गड़बड़ा गई हूँ, माँ ! समझ नहीं पाती अपने में क्या परिवर्तन

लाऊँ जो कि बच्चे सुधर जाएँ···मेरा दिमाग काम नहीं करता···

माँ : तुम्हारे बच्चे बड़े अच्छे हैं। इनमें आग्रह, उत्साह या हिम्मत की कमी नहीं है। इन्हें सही नेतृत्व नहीं मिल रहा है···इन्हें डांटो-फटकारो मत ! इन्हें प्यार दो, शक्ति दो, दिशा दो···, निष्काम, निष्प्रयोजन ही कभी इनकी स्वप्नपुरी में जाओ···, बच्चे ताले में बन्द कर रखने की चीज नहीं हैं, इन्हें तो मन की डोर से बांधना पड़ता है···

श्यामला : माँ···!

माँ : चार साल पहले जब मैं तुम्हारे यहाँ आई थी तब मिलिन्द और महिमा मुझसे बहुत हिल-मिल गए थे।···एक बार मैं फिसल कर चोट खा बैठी थी। तुम दोनों अपने-अपने काम पर थे। बच्चे मुझे डाक्टर के पास ले गए, दवा का प्रबन्ध किया, अपना सब काम भूल कर मेरी सेवा की।···डाक्टर के यहाँ वो तुम्हारी डोना सोमर्स का ब्लड ग्रुप मिलिन्द से मैच कर गया और उसने अपना खून दिया··· और तुम !···मुझे याद है वह दिन ! इन सबसे अनजान किसी बात पर उन्हें एक लम्बा लेक्चर दे डाला···। मेरे लौटने के दिन बच्चों ने बड़ी कातरता से कहा था, "नानी, क्या तुम बराबर हमारे पास नहीं रह सकतीं ?"···तथ्य के पार सत्य को देखो श्यामला !··· ये गैर जिम्मेदार नहीं हैं, इनमें खुशबू है, सूंघ कर तो देखो···

श्यामला : ये तुम्हारा जमाना नहीं है माँ कि···

माँ : (बीच में ही) श्यामला ! मेरी पीढ़ी का जो धर्म था, मैंने निभाया, वह तुम्हारा धर्म नहीं हो सकता। तुम अपने युग की मान्यता पर चलो···पर एक बात श्यामला ! माँ हर युग में माँ रहेगी—धैर्य और ममत्व की अपार संपदा वाली। संसार की कोई भावना, प्रेम का कोई स्वरूप इसकी समता नहीं कर सकता। इस ऊँची दौड़ के दमघोंटू अहसासों से मुक्त होकर बच्चों का जीवन तराश-संवार सको तो इससे बढ़कर दूसरी कोई उपलब्धि नहीं···

श्यामला : तुम्हीं कहो माँ ! मैं क्या करूँ ?

माँ : ये बच्चे तुम्हें नजदीक चाहते हैं, नजदीक, बिलकुल नजदीक—इतना कि वे तुम्हारे दिल की धड़कनों को सुन सकें, रगों में दौड़ते प्यार को छू सकें···तुम्हे महसूस कर सकें···, उन्हें स्नेह की नरमाई दो,··· ममता की उष्मा दो···

श्यामला : मैं अपना सारा काम छोड़ देती हूँ माँ ! जब बच्चे···

माँ : जीवन के प्रत्येक क्षण का अपना छोटा-सा सम्पूर्ण ब्रह्माण्ड होता है,

उसमें सब कुछ किया जा सकता है, समझीं !···और अपना जीवन पूरी तरह से बच्चों के जीवन के साथ बाँध लेना भी आदर्श स्थिति नहीं है। नारी को निर्माण भी करना पड़ता है और स्वयं निर्मित भी होना पड़ता है···यही है भारतीय संस्कृति में नारी का रूप···

श्यामला : माँ !···

माँ : **(बहुत प्यार से)** मैं जानती हूँ मेरी श्यामला कुछ कर गुजरने वाली लड़की है, अपने इरादे की पक्की ! तुम्हें सफल होने से कोई नहीं रोक सकता···

श्यामला : माँ ! तुम क्यों हम सबको छोड़कर चली गईं ?···

माँ : मैं तुम्हारी स्मृति में सदा जीवित हूँ···, और ईश्वर को क्यों भूलती हो बेटी ! वही तो संकटों से उबारने वाला है। हम समझते हैं कि वह हमारी ओर से गाफिल है, पर नहीं, संकट पड़ने पर वही हम पर कृपा करता है···

श्यामला : अब पूजा करूँगी, माँ !···माँ !

(माँ मानो चली जाती है। श्यामला चुप है। श्यामला के पास महिमा और मिलिन्द आते हैं।)

महिमा : **(प्यार और पश्चात्ताप भरे स्वर में)**···ममा ! कहाँ खो गईं आप ?··· आप चुप क्यों हैं ?···आप रो रही हैं ?···

मिलिन्द : **(प्यार और पश्चात्ताप से)** ममा ! आप बहुत डिस्टर्ब हैं ?···अब हम ठीक हो जाएँगे···

महिमा : आपने नानी की सारी चिट्ठियाँ हमारे कमरे में छोड़ दी थीं···उन चिट्ठियों को हम दोनों ने पढ़ा···ममा ! हम नानी को भूल गये थे, उनकी बातों को भूल गये थे, सॉरी ममा !

मिलिन्द : नानी का पत्र पढ़कर लगा कि नानी जिन्दा हैं, और हमसे कह रही हैं, "बच्चो ! ये तुम क्या कर रहे हो ?"···ममा ! यू आर सो स्वीट ! नाउ डोण्ट वरी, यू मस्ट चीअर अप, हम तुम्हारा साथ देंगे···

महिमा : क्या सोच रही हैं ममा ?

श्यामला : **(मानो आँसू पोंछकर, मुस्कुराकर)** सुनोगे ?

मिलिन्द : हाँ।

श्यामला : मुझे लग रहा है कि जैसे मेरा कुछ खो गया था, वह मिल गया।··· बैठो ! मैं सबके लिए चाय लाती हूँ···

मिलिन्द : रहने दीजिए ममा। डैड को आइरिश कॉफी पसन्द है, उन्हें आ जाने दीजिए···हम सब साथ पीयेंगे।

(तभी विवेक आ जाता है।)

श्यामला : आप ? आ गये ? इतनी जल्दी ?

विवेक : हाँ मैं आ गया···बीच में सब छोड़कर आ गया···मेरा वहाँ मन नहीं लगा···बच्चो ! तुम लोगों की कितने दिन की छुट्टी है ?

महिमा : बीस दिन की।

विवेक : छुट्टी के बारे में कुछ सोचा है ?

मिलिन्द : नहीं।

विवेक : पर मैंने सोच लिया है।

महिमा : क्या, डैड ?

विवेक : हम सब इण्डिया जायेंगे···

(सभी हँसते हैं।)

स्नेह-बन्ध

पात्र-परिचय

कृपाशंकर : रिटायर अफसर—उम्र 58-59 साल
सुमित्रा : कृपाशंकर की पत्नी—उम्र 55-56 साल
पूजा : कृपाशंकर के पड़ोस में रहने वाली एक बहुत प्यारी बच्ची—उम्र 7-8 साल
मोहित वर्मा : अमेरिका से आया एक शिष्ट युवक—उम्र 29-30 साल
महेन्द्र कुमार : कृपाशंकर के पड़ोसी दुष्ट स्वभाव के—उम्र 44-45 साल
मिसेज कुमार : महेन्द्र कुमार की पत्नी कठोर स्वभाव की—उम्र 40-41 साल
रघु : कृपाशंकर का सेवक
किशन : महेन्द्र कुमार का सेवक

(चलती ट्रेन की आवाज़। ट्रेन में कृपाशंकर और सुमित्रा अपनी यात्रा पूरी कर रहे हैं।)

कृपाशंकर : ···आराम से सफर तय कर लिया हम लोगों ने···क्या सोच रही हो सुमित्रा ?

सुमित्रा : **(उदास स्वर में)**···हूँ···कितने साल गुजर गये···, कितने उतार-चढ़ाव देखे···, सुख-दुःख झेले···मन में एक तस्वीर मिटती है तो दूसरी उभरती है···

कृपाशंकर : तो इसमें उदास होने की क्या बात है ?

सुमित्रा : **(ठण्डी साँस छोड़कर)**···हेमन्त की बहुत याद आती है··· इतने हौसले से बेटे का घर संवारा और उन्हें मेरी···

कृपाशंकर : तुम्हारे बेटे के घर में तुम्हारी जरूरत भी है ?

(ट्रेन चल रही है)

सुमित्रा : उन्हें न हो, पर मुझे तो है, आखिर मैं उनकी माँ हूँ···हेमन्त के बच्चे भी मुझ से दूर-दूर रहते हैं···इन दिनों बराबर एक सवाल कोंचता रहता है, किसके लिए कर रही थी ये सब ?

कृपाशंकर : ज्यादा मोह मत करो···, आगे की सोचो···, इतने चाव से अपना घर बनाया, बगीचा लगाया, अब हम रिटायर होकर अपने घर में रहने जा रहे हैं तो···

सुमित्रा : आपका बात टालने का तरीका···देखते-देखते जवान से बूढ़ी हो गई पर···

कृपाशंकर : (हँसकर) अरे,···तुम्हें बूढ़ी किसने कह दिया ? यू आर ऐज ब्यूटीफूल एण्ड यंग ऐज एवर···

(सुमित्रा मुस्कुराती है।)

कृपाशंकर : ये हुई न बात ! हँसो। लॉफ। लॉफ एण्ड द वर्ल्ड विल लॉफ विथ यू···

(ट्रेन की सीटी बजती है)

···आ गया सलीमपुर। तैयार हो जाओ···

(दृश्य समाप्त)

(कृपाशंकर और सुमित्रा अपने घर पर)

सुमित्रा : कैसे हो रघु ?

रघु : ठीक हूँ, माता जी !

सुमित्रा : सामान ले आये सब ?

रघु : जी, फल, सब्जियाँ ले आया···ठण्डा मशीन भी चला दिया है···

कृपाशंकर : रघु ! इस पेड़ के नीचे कुर्सियाँ रख दो···, और चाय यहीं ले आओ···आओ सुमित्रा ! पहले चाय पी लो, काम बाद में कर लेना···

सुमित्रा : (पड़ोस के घर की तरफ देखते हुए) यह सुन्दर बच्ची पड़ोस वालों की लगती है···

कृपाशंकर : हूँ···

(कृपाशंकर बच्ची के पास जाते हैं।)

कृपाशंकर : बेटे ! तुम इस घर में रहती हो ?

पूजा : हाँ।

कृपाशंकर : क्या नाम है तुम्हारा ?

पूजा : पूजा।

(पूजा के स्वर में बचपन का 'उल्लास नहीं है, एक सहमी-सहमी बच्ची लगती है आवाज से)

सुमित्रा : (पीछे से पुकारकर) आइए···चाय आ गई···

कृपाशंकर : आओ पूजा ! तुम हमसे दोस्ती करो, हम तुम्हारे पड़ोस में रहने आये हैं···

(दोनों सुमित्रा के पास आते हैं)

कृपाशंकर : सुमित्रा ! ये पूजा है···और इस घर में रहती है···

सुमित्रा : पूजा !···लो ये फल खाओ···किस क्लास में पढ़ती हो ?

पूजा : क्लास थ्री में।

सुमित्रा : स्कूल तो अब गर्मी की छुट्टी में बन्द हो जाएगा ?

पूजा : हाँ।

कृपाशंकर : कितने दिन की छुट्टी है ?

पूजा : दो महीने की।

कृपाशंकर : छुट्टियों में क्या करोगी ?

पूजा : पता नहीं।

कृपाशंकर : तुम रोज यहाँ आ जाना···, यहाँ तो तुम्हारे बहुत सारे दोस्त होंगे···

पूजा : नहीं, एक भी दोस्त नहीं···

कृपाशंकर : अच्छा !···, तुम हमसे दोस्ती कर लो···, ये तुम्हारी दादी हैं और मैं दादा···

पूजा : अब जाऊँ ?···

(पूजा भागकर अपने घर चली जाती है)

सुमित्रा : (रघु से) रघु ! ये हमारे पड़ोस में कौन हैं ?

रघु : कोई कुमार साहेब हैं···, अभी दो-तीन महीने ही हुए हैं इस घर में आये हुए···

सुमित्रा : उनकी यही एक लड़की है या···

रघु : नहीं माँ जी ! ये बच्ची कुमार साहेब की नहीं, इस बच्ची के माँ-बाप तो मर गये हैं···ये लोग उसे पाल रहे हैं···

(दृश्य समाप्त)

(कुछ दिनों बाद सुमित्रा अपने बगीचे में टहल रही हैं, मिसेज कुमार को देखकर उनके पास आती हैं।)

सुमित्रा : ···आप मिसेज कुमार हैं···?

मिसेज कुमार : जी हाँ···

सुमित्रा : मैं सुमित्रा उपाध्याय हूँ···, मेरे पति अभी रिटायर हुए हैं···,

अब हम यहीं अपने इस घर में रहने आ गये हैं···कल चाय पर आप सभी आइए न मेरे यहाँ···

मिसेज कुमार : ऐसा है मिसेज उपाध्याय ! हम दोनों बहुत बिजी रहते हैं··· हमें बिल्कुल फुरसत नहीं मिलती···, माफ कीजएगा कल हम नहीं आ सकते···, अच्छा चलती हूँ···

(मिसेज कुमार चली जाती हैं, थोड़ी देर बाद उनके पास पूजा आती है।)

सुमित्रा : पूजा ! तुम !

पूजा : (**भोलेपन से**) हाँ, अंकल-आण्टी गये···, अव वे बहुत रात में आएँगे···

सुमित्रा : तुम नहीं गईं उनके साथ ?

पूजा : नहीं, वे अपने साथ मुझे नहीं ले जाते···

सुमित्रा : आओ अन्दर, आज हमारे साथ खाना खाओ···

(अन्दर आकर)

सुमित्रा : तुम्हारे दादा बस सारा दिन किताबें या अखबार पढ़ते रहते हैं···(**कृपाशंकर से**)···देखिए तो कौन आया है।

कृपाशंकर : ओ···पूजा ! आओ···आओ !

सुमित्रा : मैं अभी खाना लगाती हूँ···

(सुमित्रा खाना लगाने जाती है।)

कृपाशंकर : पूजा, कल मैंने तुम्हारा स्कूल बैग देखा, तुमसे ज्यादा वजन तो तुम्हारे बैग में है।

(पूजा धीरे-धीरे इनसे खुलने लगती है।)

पूजा : अभी तो और है। थ्री की पढ़ाई क्या ऐसे ही हो जाती है। बहुत किताबें पढ़नी पड़ती हैं···मेरी ज्याग्रफी की बुक इतनी मोटी है···

(सुमित्रा खाना लगाती है)

सुमित्रा : आओ खाना तैयार है, पूजा ! तुम अच्छी तरह हाथ धो लो···

(सब खाना खाते हैं)

पूजा : (**सूप पीते हुए**)। आह ! इतना अच्छा सूप ! इतना अच्छा सूप तो पहले कभी नहीं पिया···आण्टी तो बस रोटी और जैम खिलाती हैं···

सुमित्रा : कल से तुम्हारी छुट्टी है, तुम रोज यहीं आकर हमारे साथ खाया करो।

पूजा : कल मेरा बर्थ-डे है···

कृपाशंकर : अच्छा ! हमें बुलाओगी ?

पूजा : मेरा बर्थ-डे तो आण्टी मनाती नहीं, फिर बुलाऊँगी कैसे ?··· कल तो अंकल-आण्टी विकास नगर जा रहे हैं।

कृपाशंकर : ···वे कब लौटेंगे ?

पूजा : वे जब भी विकास नगर जाते हैं, रात में लौटते हैं···

कृपाशंकर : अँ···अच्छा !···हम तीनों मिलकर तुम्हारा बर्थ-डे यहाँ मनायेंगे···

पूजा : (खुश होकर) सच !

कृपाशंकर : हाँ !

(दृश्य समाप्त)

(कुछ दिनों बाद सुमित्रा बगीचे में पानी दे रही हैं, मिसेज कुमार सामने दिखाई देती हैं।)

सुमित्रा : कैसी हैं मिसेज कुमार ? बहुत अर्से बाद दिखाई दीं···

मिसेज कुमार : हूँ···दिन में मेरा काड्र्स सेशन चलता है, और रात में क्लब या डिनर पार्टी हो जाती है···लाइफ बिजी हो मिसेज उपाध्याय, तो जिन्दगी पूरे तौर पर दिलचस्प हो जाती है···।

सुमित्रा : पूजा कहाँ है ?

मिसेज कुमार : होगी अन्दर। मिसेज उपाध्याय ! मैं समझ नहीं पा रही हूँ इसके साथ किस तरह डील करना चाहिए ? न ये मेरी कोई बात मानती है, और न मैं इसकी कोई बात समझ पाती हूँ। सोच रही हूँ इसे किसी साइकट्रिस्ट के पास ले जाऊँ···

(भीतर से पूजा आती है। सुमित्रा को देखकर)

पूजा : दादी !

मिसेज कुमार : डाँट कर) पूजा ! यहाँ क्या कर रही हो ? जाओ अन्दर !

(अन्दर से कुमार आता है)

कुमार : (सख्ती से) पूजा ! जाओ भीतर !

मिसेज कुमार : ये ऐसे नहीं मानेगी। इसे कमरे में बन्द करना होगा।···तुम कार निकालो जी···मैं इसे अन्दर करके आ रही हूँ···

(सुमित्रा लौटकर अपने घर आती हैं। कृपाशंकर एक किताब पढ़ रहे हैं।)

सुमित्रा : कुछ लोग दुनिया में कितने निष्ठुर होते हैं ! इतनी प्यारी बच्ची है, माँ-बाप नहीं हैं,···अरे भाई ! अभिभावक बनने की भी कुछ जिम्मेदारियाँ होती हैं···क्या इस तरह पाला

जाता है बच्चे को···?

(बाहर से पूजा आ जाती हैं)

पूजा : दादी !

सुमित्रा : (आश्चर्य से) अरे पूजा तुम ? तुम्हारी आंटी ने तो तुम्हें बन्द कर दिया था···

पूजा : हाँ, किशन काका ने खोल दिया···जब भी आंटी बन्द करती हैं, वे बाद में खोल देते हैं···

(सुमित्रा काम करने के लिए जाती हैं)

पूजा : बैठिए न दादी ! आप कहाँ जा रही हैं ?

सुमित्रा : आज रघु छुट्टी पर है···, काम करने जा रही हूँ···

पूजा : चलिए, मैं भी आपके साथ काम करूंगी···

कृपाशंकर : बहुत सयानी हो तुम !

पूजा : टीचर कहती हैं कि मेरा दिमाग बहुत शार्प है···

(दृश्य समाप्त)

(सुमित्रा और कृपाशंकर अपने बगीचे में बैठे हैं)

सुमित्रा : हेमन्त को चार-पाँच बार फोन लगाया। वहाँ घण्टी जाती है, पर कोई उठाता ही नहीं···कहाँ घूमते रहते हैं···

रघु : माँ जी ! ये चिट्ठी।

सुमित्रा : (पत्र देखते हुए) शारदा का है···(खोलते हुए) तस्वीरें भी हैं···

कृपाशंकर : क्या लिखा है ?

सुमित्रा : नया अपार्टमेंट लिया है वहाँ···, हमें बुलाया है···लो ये तस्वीरें !

(पूजा आती है)

पूजा : दादा !

कृपाशंकर : पूजा ! देखो ! ये मेरी बेटी की तस्वीरें हैं।···ये अमेरिका में रहती है···ये छोटे-छोटे दोनों उसके बच्चे हैं···

पूजा : ये समुद्र के किनारे घूम रहे हैं···, मुझे भी समुद्र देखने का मन करता है, मेरी सोशल स्टडी बुक में समुद्र का फोटो है···

कृपाशंकर : अं···हम तुमको नदी दिखाएंगे···

पूजा : (अधीर होकर) कब ?

कृपाशंकर : अं इसी वक्त !

सुमित्रा : अभी ?

पूजा : (आग्रह के स्वर में) दादी, चलिए न ! आंटी आ जायेंगी तो

नहीं जाने देंगी···

सुमित्रा : (प्यार से) चलो···

(नदी के तट पर)

कृपाशंकर : यहाँ नदी के तट पर कितना अच्छा लग रहा है···, देखो पेड़ों की पत्ती-पत्ती में निखार है···हवा में प्राण है, कितना सुन्दर है सब ! इस सुन्दरता में कोई तनाव नहीं, कटुता नहीं···

सुमित्रा : अब ये बच्ची क्या समझेगी ?

पूजा : समझती हूँ···

कृपाशंकर : ···आओ पूजा पानी में आओ···

पूजा : नहीं, डर लगता है···

कृपाशंकर : तब तो जरूर आओ···किसी चीज को नहीं जानने से डर लगता है, जान लेने के बाद डर खत्म हो जाता है···

(पूजा पानी में छप-छप करती आती है)

कृपाशंकर : शाबास !

(पानी का स्वर)

सुमित्रा : अब चलें ?

पूजा : नहीं दादी ! थोड़ी देर और !

(दृश्य समाप्त)

(मिसेज कुमार और कुमार अपने कमरे में)

मिसेज कुमार : अजी सुनते हो ?

कुमार : हूँ···क्या है ?

मिसेज कुमार : ये पड़ोस की मिसेज उपाध्याय अच्छी नहीं लगती···आजकल पूजा उस बूढ़ी के यहाँ बहुत जाने लगी है···

कुमार : ना···ना···, यह बिलकुल ठीक नहीं, इसे उनसे मिलने-जुलने मत दो। यह सोने का अंडा देने वाली मुर्गी है···(खीजकर) ···तुम भी सारा-सारा दिन घर से गायब रहती हो और···

मिसेज कुमार : (बीच में बिगड़कर) : तुम्हें गुस्सा किस बात पर आ रहा है ? पूजा के वहाँ जाने का या मेरे···

कुमार : तुम समझती नहीं हो, वसीयत की बात इन लोगों को मालूम हो गई न, तो अपना पाँच हजार रुपया महीना तो जाएगा ही, ···विकास नगर में जिस बूते पर इतना बड़ा घर प्लान किया है वह भी धरा रह जाएगा···

मिसेज कुमार : हूँ···उसका वहाँ जाना बिल्कुल बंद कर दूँगी···, वैसे भी कल

से इसका स्कूल खुल रहा है···

(दृश्य समाप्त)

पूजा : **(प्यार भरे अधिकार से)** दादा ! आज ही मेरी सारी किताबों और कॉपियों पर कवर चढ़ जाना चाहिए। ये रहा ब्राउन पेपर !···चलिए न ! कब चढ़ाइएगा ?

कृपाशंकर : **(पेपर पढ़ते हुए)**···चढ़ा दूंगा···

पूजा : आपको मेरी बिल्कुल परवाह नहीं, कल मुझे स्कूल में पनिशमेंट मिलेगा तो···

कृपाशंकर : **(हँसकर)** लाओ बाबा ! अभी चढ़ा देता हूँ···

(कृपाशंकर कवर चढ़ाते हैं।)

पूजा : दादा ! हमारे क्लास में मिताली नाम की एक नई लड़की का एडमिशन हुआ है।

(बाहर से किशन आता है)

पूजा : किशन काका आप !

किशन : पूजा बेबी ! आपको मेम साब बुला रही हैं···

पूजा : **(डर से चौंककर)** आंटी आ गईं क्या ?

किशन : हाँ।

पूजा : **(जाने की जल्दबाजी करते हुए)** दादा, मेरी किताब-कॉपी दीजिए···

(पूजा अपने घर आती है)

मिसेज कुमार : **(अत्यंत निर्ममतापूर्वक)** हजार बार मना किया कि वहाँ नहीं जाना···! खबरदार ! जो उनके यहाँ कदम रखा···, तुम्हें बहला-फुसला कर एक दिन तुमको बेच देंगे···समझी !

पूजा : नहीं, वे बहुत अच्छे हैं, ऐसा नहीं···

(मिसेज कुमार बीच में ही जोर से एक चांटा मारती हैं)

मिसेज कुमार : **(गुस्से में)** देख रही हूँ बहुत ढीठ होती जा रही हो, उधर गई तो टाँगें तोड़ दूंगी···माँ-बाप मर गया, मेरे ऊपर सिरदर्द छोड़ गया···

(पूजा बिलख-बिलख कर रोने लगती है)

(दृश्य समाप्त)

(सुमित्रा फोन से अपने बेटे से बात करती हैं)

सुमित्रा : हेलो ! हेमन्त !···बेटे, कम से कम दस मरतबा तुमको कॉल किया···क्या ?···बेटे, जीवन का इतना बड़ा फैसला ले लिया

और मुझे बताया तक नहीं ? हूँ···हाँ···हाँ···अब मैं क्या करूँ···?

(फोन रखती हैं)

कृपाशंकर : क्या हुआ ?

सुमित्रा : (दु:खी स्वर में) सोनाली और हेमन्त अलग हो रहे हैं, सोनाली दोनों बच्चों के साथ अपनी माँ के पास चली गई···

कृपाशंकर : (गंभीर स्वर में) हूँ···मुझे बहुत दिनों से ऐसा लग रहा था···

सुमित्रा : लगता है हाथों से सब फिसला जा रहा है, मुट्ठी से रेत की तरह···

कृपाशंकर : तुम तो उस अदृश्य को मानती हो, वही सब संचालित करता है···

सुमित्रा : हे ईश्वर ! कितना बांधती हूँ मन को, पर एक क्षण में सब मिट्टी का हो जाता है···

कृपाशंकर : दुनिया में ये सब लगा ही रहता है, मत सोचो ज्यादा, सो जाओ···

(दृश्य समाप्त)

(सुमित्रा बाहर बगीचे में हैं)

सुमित्रा : किशन ! भाई पूजा ठीक तो है न ! कई दिनों से इधर आई नहीं···

किशन : अब क्या बताएँ माँ जी ! जब देखो उस मासूम को डांटते-मारते हैं दोनों। बाहर किसी के सामने आने नहीं देते, आपके इधर आने को तो एकदम मना कर रखा है।

सुमित्रा : क्यों भाई ? उस नादान बच्ची के साथ इतना बुरा सलूक क्यों कर रहे हैं ? क्या वजह है ?

(अपने घर से मिसेज कुमार किशन को बुलाती हैं)

मिसेज कुमार : (पुकारते हुए) किशन ! किशन !

किशन : जाऊँ, नहीं तो खामखाह नाराज़ होंगी···

(सुमित्रा अंदर जाती हैं, कृपाशंकर पत्र पढ़कर रखते हैं)

कृपाशंकर : शारदा की चिट्ठी आई है···

सुमित्रा : वहाँ सब कुशल मंगल है···

कृपाशंकर : हाँ, लिखा है वहाँ उनका एक बहुत अच्छा दोस्त है मोहित वर्मा, उनका परिवार वहीं बस गया है। मोहित किसी काम से

यहाँ आ रहा है, हमारे घर ही ठहरेगा···और लिखा है कि वह यहाँ किसी जरूरी काम के सिलसिले में आ रहा है···

सुमित्रा : क्या काम है ?

कृपाशंकर : ये तो नहीं लिखा···हाँ, वह सात तारीख को यहाँ पहुँचेगा···

सुमित्रा : सात को ? सात तो आज ही है···

कृपाशंकर : ओ हाँ ! सात तो आज ही है ।

(बाहर टैक्सी रुकने की आवाज आती है, कृपाशंकर बाहर आते हैं ।)

मोहित : (आते हुए) जी मेरा नाम मोहित वर्मा है, शारदा ने···

कृपाशंकर : हाँ, हाँ ! हेलो यंग मैन ! आए एम उपाध्याय !···सुमित्रा आओ···मोहित वर्मा आए हैं···(प्यार और स्वागत भाव से) हमें अभी-अभी शारदा का पत्र मिला···माइ वाइफ सुमित्रा !

मोहित : (आदर और शिष्टता के साथ) प्रणाम चाची जी ! परिचय की कोई जरूरत नहीं चाचा जी···(हँसकर) शारदा आप लोगों की इतनी बातें करती है कि मैं तो आँखें मूंदकर आप लोगों को पहचान सकता हूँ···

सुमित्रा : वहाँ सब कैसे हैं ?

मोहित : बहुत मजे में हैं। विवेक का अभी प्रमोशन हुआ है ।

सुमित्रा : शारदा ने लिखा है तुम यहाँ किसी जरूरी काम से आये हो···

मोहित : (हल्की गंभीरता से) आँ-हाँ···काम तो बहुत जरूरी है···

कृपाशंकर : अरे भाई पहले इसे ज़रा आराम तो कर लेने दो···

(तभी वहाँ डबडबायी आँखों से पूजा आती है)

कृपाशंकर : (प्यार से) पूजा ! तुम्हारी आँखों में आँसू ? क्या हुआ मेरी बच्ची ?

(पूजा चुप है)

नहीं, बहादुर बच्चे रोते नहीं।···तुम्हारी आंटी तुम्हें यहाँ आने से मना करती हैं ?

पूजा : (रोते-रोते) हाँ ।

सुमित्रा : सुनिए ! आप एक बार कुमार साहब से जाकर कहिए न ! क्यों इस बच्ची को यहाँ आने से रोकते हैं ?

पूजा : (आग्रह भरे स्वर में) हाँ दादा ! चलिए न !

कृपाशंकर : (कुछ सोचते हुए)···अँ चलो। मोहित बेटे, मैं अभी आया;

चलो पूजा।

(कृपाशंकर और पूजा जाते हैं)

सुमित्रा : ये बच्ची हमारे पड़ोस में रहती है, इसका हमारे यहाँ बहुत मन लगता है, पर इसके गार्जियन यहाँ आने नहीं देते···

मोहित : क्यों ?

सुमित्रा : हमारी समझ में नहीं आता क्यों। बच्ची के साथ बड़ा ही खराब बर्ताव करते हैं।

(गंभीर चेहरा लिये आए कृपाशंकर)

सुमित्रा : क्या हुआ ? क्या कहा कुमार साहब ने ?

कृपाशंकर : **(क्षुब्ध होकर)** उनका बिहेवियर बहुत खराब था···

सुमित्रा : क्या कहा ?

कृपाशंकर : यही कि पूजा यहाँ नहीं आ सकती···

सुमित्रा : मुझे इसी बात का डर था···

कृपाशंकर : उनके पास दिल नाम की कोई चीज नहीं···अच्छा भाई ! ये बातें बाद में होंगी···इतनी दूर से मोहित आया है···इसे खिलाओ-पिलाओ। मोहित ! कल तुम्हें मैं ये शहर दिखाऊँगा ···पुराना जरूर है, लेकिन इसमें 'कुछ' है जो मन को अच्छा लगता है···

मोहित : पहले जिस काम के लिए आया हूँ उसे पूरा कर लूँ फिर आपके साथ घूमूंगा···

कृपाशंकर : काम क्या है बेटे ?

मोहित : **(ठंडी साँस लेकर)** बातें बहुत हैं और सब बताने की कोशिश में शायद कुछ भी नहीं कह पाऊँगा···

(दृश्य समाप्त)

(चार-पाँच दिन बाद पूजा के घर पर)

मिसेज कुमार : **(सख्त स्वर में)** पूजा ! तुम्हारा खाना टेबुल पर रखा है, खा लेना, हम लोग जा रहे हैं।

पूजा : मुझे नहीं खाना···

मिसेज कुमार : **(डाँट कर)** ये बदतमीजी मुझे पसन्द नहीं। खाना है तो खाओ नहीं तो मरो भूखी।

(पूजा रोने लगती है।)

रो क्यों रही हो ? चुप रहो !

कुमार : वी आर लेट ! चलो, जल्दी···

(गाड़ी जाने की आवाज)

(इधर उपाध्याय के घर पर)

कृपाशंकर : मोहित ! तुम्हारे काम का क्या हुआ ? चार-पाँच दिनों से तुम व्यस्त हो···

मोहित : अभी तक कुछ पता नहीं चला···, केस एक साल पुराना है इसलिए पुलिस फाइल में से निकालने में समय लग रहा है···

(अचानक वहाँ पूजा आ जाती है।)

पूजा : दादी !

सुमित्रा : **(खुश होकर)**···आज सुबह से तुम्हें याद कर रही हूँ, आओ मैं तुमको खिलाऊँ, आज तुम्हारी मनपसन्द चीजें बनी हैं।··· तुम बैठो, मैं अभी लाई···

पूजा : दादा ! आज क्लास टेस्ट में मुझे हाइएस्ट मार्क्स आए···

कृपाशंकर : वाह !

सुमित्रा : लो,···खाओ··

(पूजा जल्दी-जल्दी खाती है।)

अरे···इतनी जल्दी नहीं···

पूजा : मुझे जल्दी जाना है···खा लिया···

सुमित्रा : चलो तुम्हें पहुँचा दूँ···

(सुमित्रा पूजा को छोड़ने जाती हैं)

कृपाशंकर : मोहित ! मैं तो सुमित्रा से कहता हूँ, जो छूटता है, उसे छूटने दो, उसका मोह मत करो···मगर मुझे खुद ही इसका इन्तज़ार रहता है···पता नहीं कैसा है यह स्नेह-बंध !

मोहित : वे लोग बच्ची के यहाँ आने से एतराज क्यों करते हैं ?

कृपाशंकर : पता नहीं कैसे उनके मन में डर बैठ गया है कि हम पूजा को उनसे छीन रहे हैं···ये गत्ते पर पेंटिंग देख रहे हो·· उसी का बनाया है। उसके प्रेजेंस का अहसास इस घर में सब जगह है···

मोहित : देख रहा हूँ यह बच्ची आपके बीच जरूरत बन गई है।

(सुमित्रा आती हैं।)

कृपाशंकर : सुमित्रा ! क्या हुआ ? तुम रो रही हो ?

सुमित्रा : **(आँसू पोंछते हुए)** मैं पूजा को लेकर गई तो अचानक मिस्टर मिसेज कुमार लौट आये। पूजा को मेरे साथ देखकर मिसेज कुमार तड़ातड़ उसे पीटते हुए घसीट कर अंदर ले गईं···

मोहित : दिस इज रियली द लिमिट ! मैं अभी जाता हूँ उनके पास···

(मोहित उठकर जाता है)

सुमित्रा : (रोकते हुए) मोहित बेटे ! रुक जाओ ! वे लोग तुम्हारा इंसल्ट कर देंगे…तुम…

मोहित : (जाते हुए) आप मेरी फिक्र न करें…

(मोहित कुमार के घर का बेल बजाता है। कुमार दरवाजा खोलता है ।)

मोहित : मे आई कम इन ?

कुमार : (बेहद रूखे स्वर में) कहिए किससे मिलना है आपको ?

मोहित : मिस्टर कुमार से ।

कुमार : मैं ही हूँ कुमार ! कहिए, कैसे तकलीफ की ?

मोहित : मेरा नाम मोहित है । मैं आपके पड़ोसी उपाध्याय जी के यहाँ ठहरा हूँ,…आपसे ये कहने आया हूँ कि वे लोग बहुत अच्छे हैं और बच्ची को वहाँ भेजने में…

कुमार : (एकदम से क्रोधित होकर) हू आर यू टु डिमाण्ड फ्राम मी !… सुनिये, श्रीमान उपाध्याय से कह दें कि वे किसी दूसरे बच्चे को गोद ले लें, इस तरह दूसरों की जिन्दगी में दखलंदाजी न करें…

मोहित : (समझाने की कोशिश करते हुए) ट्राइ टु अण्डरस्टैंड मी !

कुमार : मेरे पास फालतू वक्त नहीं है ।

मोहित : मैं ये सोचकर आया हूँ कि आप समझदारी से काम लेंगे ।

कुमार : सोचने को तो आप कुछ भी सोच लें…

(तब तक वहाँ पूजा आ जाती है ।)

कुमार : पूजा ! तुम जाओ भीतर ! सुनो ! इसे ले जाकर अन्दर बन्द कर दो…

(अब मोहित को अत्यधिक क्रोध आ जाता है ।)

मोहित : (उत्तेजित स्वर में) आप किसी बच्ची को इस तरह बन्द नहीं कर सकते, यह जुर्म है ।

कुमार : सुनिए जनाब ! हम इसके गार्जियन हैं, अगर आपने बात बढ़ाई तो हमें पुलीस बुलानी पड़ेगी ।

मोहित : बच्ची के साथ इतनी क्रूएलिटी कर रहे हैं, कैसे गार्जियन हैं आप ?

मिसेज कुमार : सुनो जी ! इन्हें जरा कागज दिखा दो, ऐसे नहीं मानेंगे ये ।

कुमार : (तैश में) अभी लाता हूँ ।

मिसेज कुमार : बात का बतंगड़ बना रहे हैं आप लोग । पूजा को लेकर आपके सिर में इतना दर्द क्यों हो रहा है ?

(कुमार अन्दर से कागज लेकर आता है)

कुमार : देखिए मिस्टर मोहित ! ये हैं कानूनी कागज ! वकील के सामने लिखा गया है—(पढ़ता है)
बच्ची का नाम—प्रिया कपूर
पिता का नाम—स्वर्गीय विमल कपूर
माता का नाम—स्वर्गीय मालती कपूर
और संरक्षक वाले कॉलम में मेरा नाम लिखा है—महेन्द्र कुमार।

मोहित : (अत्यन्त आश्चर्य से)···क्या ?···एक बार कागज़ मुझे दीजिए ···(मोहित जल्दी-जल्दी खुद ही पढ़ता है) बच्ची का नाम··· प्रिया कपूर···पिता का नाम···स्वर्गीय···विमल कुमार···ये प्रिया ही पूजा है।

कुमार : हाँ, हाँ !···अब तो तसल्ली हुई ?

मोहित : आपके वकील कौन हैं ?

कुमार : यहाँ साफ तो लिखा है—विजय मोहन, उनका पता और फोन नम्बर लिखा है···और क्या जानना चाहते हैं···?

मोहित : (एक बार कागज़ को फिर पढ़ते हुए)·· अं···हें···ठीक है, मैं जाता हूँ।

कुमार : (मोहित के मुड़ते ही) अजीब आदमी है···

(मोहित उपाध्याय के यहाँ पहुँचता है।)

कृपाशंकर : क्या हुआ मोहित ?

मोहित : अभी सब बताता हूँ। पहले एक फोन कर लूँ···

कृपाशंकर : किसको ?

मोहित : वकील विजय मोहन को।

(मोहित फोन का डायल घुमाता है)

मोहित : हेलो !···विजय मोहन !···मैं मोहित वर्मा बोल रहा हूँ, अभी इसी वक्त आपसे मिलना चाहता हूँ···तो मैं आ रहा हूँ···

(फोन रखता है)

मोहित : (स्वगत) एक बार ब्रीफकेस में सारे कागजात चेक कर लूँ···

कृपाशंकर : क्या बात है मोहित ?

मोहित : मैं चलूँ ! दिस हैज टु बी डन इमीडिएटली,···आकर सब बताऊँगा···

(दृश्य समाप्त)

(बहुत देर बाद मोहित लौटकर आता है। वह बेहद

खुश और शान्त है। यह भाव उसके स्वर से प्रकट हो रहा है।)

सुमित्रा : इतनी देर कहाँ लगा दी मोहित बेटे ?

मोहित : मैं आप लोगों को एक बहुत बड़ा प्लेजेण्ट सरप्राइज देने जा रहा हूँ···थोड़ी देर में पूजा वकील के साथ यहाँ आने वाली है···

कृपाशंकर : मैं समझा नहीं···

मोहित : ···सब कुछ इतना अचानक हो गया कि मैं खुद हैरान हूँ। ऐसा है, आज से एक साल पहले एक रोड एक्सीडेंट में मेरी बहन मालती और उनके पति विमल कपूर की डेथ हो गई थी। मगर उनकी छः-सात साल की बच्ची प्रिया बाल-बाल बच गई···, वहाँ अमेरिका में चार-पाँच महीने पहले हमें ये खबर मिली, तब से हम लगातार इण्डिया में पता लगा रहे हैं कि प्रिया कहाँ है ? अन्त में मुझे मालूम हुआ कि एक्सीडेंट इसी शहर में हुआ था।···मैं इसी सिलसिले में पाँच-छः दिनों से थाने जा रहा हूँ।···मैंने आपके यहाँ प्रिया को देखा, पर उसे पहचान न सका···एक तो जब मैंने प्रिया को आखिरी बार देखा था तब वह दो साल की थी, दूसरे कुमार ने प्रिया का नाम बदलकर पूजा कर दिया···

सुमित्रा : मतलब ?

मोहित : मतलब पूजा ही मेरी बहन की लड़की है, जिसकी तलाश में मैं भारत आया था···

कृपाशंकर : लेकिन पूजा···यानी प्रिया···कुमार के पास कैसे चली गई ?

मोहित : प्रिया की माँ की डेथ तो ऑन द स्पॉट हो गई, मगर उसके पिता का निधन चार दिन बाद हुआ। कुमार उनके मित्र थे और एक्सीडेंट के समय उनके पास थे। प्रिया के पिता ने वकील के सामने अपनी वसीयत लिखवाई। उनकी सारी जायदाद की वारिस प्रिया होगी। इसके मामा, यानी मोहित वर्मा इसके संरक्षक होंगे। मोहित वर्मा अमेरिका में हैं इसलिए उनके आने तक पूजा महेन्द्र कुमार के संरक्षण में रहेगी और जब तक पूजा महेन्द्र कुमार के पास रहेगी तब तक उन्हें पूजा की परवरिश के लिए पाँच हजार रुपया महावार मिलेगा। जीजा जी ने कुमार को मेरा अमेरिका का पता भी लिखवा दिया था।··· मगर उसके बाद इनकी नीयत खराब हो गई···।

कृपाशंकर : फिर ?

मोहित : इन दोनों ने जान-बूझकर, लोभवश मुझे खबर नहीं की, क्योंकि प्रिया के मेरे पास आते ही उनकी आमदनी का एक जरिया बन्द हो जाता,···वकील से बराबर यही कहते रहे कि पूजा का मामा खत का जवाब नहीं देता···

सुमित्रा : हे भगवान !···अब ?

मोहित : अब मैं पुलिस और वकील को यह प्रमाणित कर चुका हूँ कि मैं ही मोहित वर्मा हूँ और प्रिया का मामा हूँ।

कृपाशंकर : ···वो देखो···वकील के साथ हँसती पूजा आ रही है।

पूजा : (खुश होकर) दादा ! दादी !

सुमित्रा : आ मेरी बच्ची ! देख ये तेरे मामा हैं। अब तुमको हमसे कोई दूर नहीं कर सकता···

(सभी हँसते हैं।)

शिष्या

पात्र-परिचय

मंजु : नाटक की नायिका—उम्र लगभग 30-32 वर्ष
छोटी मंजु : नायिका का बचपन—उम्र लगभग 13-14 वर्ष
सर : मंजु के शिक्षक—उम्र लगभग 45-46 वर्ष
बाद में 63-64 वर्ष
तुलसी : मंजु के घर का विश्वासी नौकर—उम्र लगभग 50 वर्ष
माँ : मंजु की माँ—उम्र लगभग 35-36 वर्ष
प्रिंसिपल : मंजु के स्कूल की प्रिंसिपल—उम्र लगभग 40 वर्ष
विवेक : मंजु का लड़का—उम्र लगभग 7-8 वर्ष
सोनिया : सर की पुत्रवधू—उम्र लगभग 28-30 वर्ष
एक-दो सज्जन ।

(एक पार्क है । वहाँ बच्चों के खेलने का शोर है । विवेक मानो मस्ती में खेलता-भागता माँ के पास आता है ।)

विवेक : **(स्वर में उल्लास)** माँ ! यहाँ कितना अच्छा लग रहा है । पापा जब से अमेरिका गए हैं तब से आज हम पहली बार इस पार्क में आए हैं ।

(मंजु का ध्यान कहीं और है)

मंजु : हूँ···

विवेक : पापा आ जाएँगे तब फिर यहाँ आएँगे हम लोग । देखो न ! कितने सुन्दर-सुन्दर फूल हैं यहाँ माँ !···माँ ! तुम उधर किसको देख रही हो ?

मंजु : ···अँ···उनको ! वहाँ जो पेड़ के नीचे बैठे हुए हैं न ! उनको···

विवेक : क्यों ?···उनको क्यों देख रही हैं ?

मंजु : इसलिए देख रही हूँ कि वहाँ बैठे आदमी मेरे 'सर' की तरह लग रहे हैं।

विवेक : तुम्हारे सर बहुत अच्छे थे माँ ?

मंजु : हाँ बेटे ! बहुत अच्छे !

विवेक : उनको तुम नाना से भी ज्यादा मानती हो ?

मंजु : ···सबसे ज्यादा। इस दुनिया में सबसे ज्यादा मैं अपने सर की कद्र करती हूँ।

विवेक : **(जाते हुए)**···माँ ! मैं झूला झूलने जा रहा हूँ···

मंजु : सँभल के बेटा ! ज्यादा तेज मत झूलना···

(विवेक भाग जाता है। मंजु सोचने लगती है।)

मंजु : **(स्वगत)** सलीमपुर छोड़े बीस-बाइस वर्ष बीत गये···उसके बाद सर कभी नहीं मिले···वे तो रिटायर हो गये होंगे···**(अतीत में खोकर)** बाबूजी की बदली सलीमपुर हुई थी···मेरा दाखिला वहाँ के गर्ल्स-स्कूल में करवा दिया गया···तब माँ का ज्यादा समय दादी के पास गाँव में बीतता···हम सब बहन-भाइयों को तुलसी बाबा के भरोसे छोड़, माँ गाँव चली जातीं···

(फलैश बैक)

तुलसी : **(प्यार और सम्मान से)** तैयार हो गई मंजु बचिया ?

मंजु : हाँ तुलसी बाबा !

तुलसी : दूध तैयार है।

मंजु : आई बाबा !

तुलसी : नया स्कूल कैसा लग रहा है बचिया ?

मंजु : मुझे यहाँ के स्कूल में कुछ भी अच्छा नहीं लग रहा है, मेरा पुराना स्कूल कितना अच्छा था···!

तुलसी : अभी नया-नया है न ! धीरे-धीरे मन लग जाएगा···

मंजु : ···जाती हूँ। स्कूल-बस आने का समय हो गया···

(दृश्य समाप्त)

(स्कूल का वातावरण। टिफिन का समय। लड़कियों का शोर हो रहा है। प्रिंसिपल का कमरा)

प्रिंसिपल : **(बहुत कड़े स्वर में)** मिस पंत ! सिक्स्थ पीरियड के बाद आप आफिस में आ जाइएगा जरा···अब आप जा सकती हैं···

मिस पन्त : जी।

मंजु : **(सकुचाते, सहमते हुए)**···आपने मुझे बुलाया ?

(प्रिंसिपल का स्वर एकदम से बदल जाता है। वह बनावटी

प्यार से कहती है।)

प्रिंसिपल : आओ मंजु बैठो ! तुम से एक बात करनी है।···अरे आराम से बैठो। तुम्हें स्कूल में किसी बात के लिए फिक्र करने की जरूरत नहीं···। कोई प्रोब्लेम हो सीधा मुझसे आकर कहना···(ठहरकर) मैं क्या कह रही थी ! हाँ, अपने फादर से कहना, मैं कल उनसे मिलने आऊँगी···

मंजु : (धीरे से) जी···

प्रिंसिपल : मुझे उनसे एक काम है, वे चाहें तो बहुत कुछ कर सकते हैं···

मंजु : (संकोचपूर्वक) जी वे···

प्रिंसिपल : तुम नहीं समझोगी, तुम्हारे समझने वाली बात भी नहीं है···

(दृश्य समाप्त)

(मंजु घर पर तुलसी के साथ)

तुलसी : आ गई बचिया ! जाकर हाथ-मुँह धो लो। मैं खाना लगाता हूँ···

मंजु : तुलसी बाबा ! कल मेरी स्कूल की प्रिंसिपल बाबूजी से मिलने आएँगी, उनको बाबूजी से कोई काम है···

तुलसी : बब्बा रे ! उनसे कहा नहीं कि मेरे बाउजी बड़के ईमानदार आफिसर हैं, वे किसी की नहीं सुनते···। मुदा कोई गलत काम कह देता है तो उसे घर तक से निकाल देते हैं···।

मंजु : धत् ! अपने प्रिंसिपल से ये सब थोड़े ही कहा जा सकता है। स्कूल में उनसे सब डरते हैं। (आग्रह-भरे स्वर में) वे कल आएँगी बाबा ! तुम बाबूजी से कह देना, मुझे तो उनसे कहने में डर लगता है।···

तुलसी : अच्छा ! कह दूंगा। पहले खाना तो खा लो।

(दृश्य समाप्त)

(दूसरे दिन मंजु के घर पर प्रिंसिपल आती हैं।)

तुलसी : तुमरी पिरीनसीपल आ गईं बचिया ?

मंजु : हाँ ! तुम जल्दी से चाय बना दो···बाबा ! वे बाबूजी से बातें कर रही हैं···यहाँ कितना धीरे-धीरे बोल रही हैं···स्कूल में तो गरजती हैं।···बाबूजी केवल हाँ-हूँ कर रहे हैं···, मुझे डर लग रहा है, बाबूजी उनका काम नहीं करेंगे।

तुलसी : चाय तैयार है···

मंजु : लेकर चलो···

तुलसी : चलो···

(दोनों प्रिंसिपल के पास आते हैं। वे गुस्से में बाहर निकल रही हैं।)

मंजु : जी चाय···

प्रिंसिपल : (बहुत क्रोध से) मंजु ! मैं जा रही हूँ···

मंजु : चाय तैयार है।

प्रिंसिपल : आई एम सॉरी, आई विल गो, आई हैव वेस्टेड माई टाइम ! मैं बेवकूफ थी जो यहाँ आई···

(प्रिंसिपल का प्रस्थान)

तुलसी : अरे ! उन्ने चाय नहीं पी ?

मंजु : (डरते हुए) बाबा ! लगता है पापा ने उनका काम करने से इनकार कर दिया···।

तुलसी : बच्चिया, छोटी है पर सब समझती है···साहेब से कौन कहे जाए···कह देंगे अपने काम से काम रखो, मेरे मामले में मत बोलो···

(दृश्य समाप्त)

(दूसरे दिन स्कूल में। मंजु के कक्षा के पास)

(कक्षा में लड़कियाँ शोर कर रही हैं।)

प्रिंसिपल : (कड़े स्वर में) मिस तनेजा ! लड़कियाँ बहुत शोर कर रही हैं, उन्हें डिसिप्लिन में रखिए। और हाँ, आज से इस क्लास का इंग्लिश और मैथेमेटिक्स मैं लूँगी···

मिस तनेजा : जी अच्छा !

(प्रिंसिपल क्लास में आती है।)

प्रिंसिपल : (डाँटकर) इतना शोर मत मचाओ लड़कियो !

(क्लास में एकदम से शांति छा जाती है।)

प्रिंसिपल : मंजु ! इधर आओ ! (ठहरकर हल्के व्यंग के साथ) तुम्हारे फादर होमवर्क में तुम्हारी मदद नहीं करते क्या ? व्हाट हैव यू डन ? यू आर वेरी वीक इन इंग्लिश एंड मैथेमेटिक्स ! ऐसा ही रहा तो फेल कर जाओगी।

(मंजु चुप है)

लड़कियो अपनी-अपनी कापियाँ निकालो, आज ज्योमेट्री पढ़ाऊँगी···(मंजु से)···मंजु ! किधर देख रही हो ? अपना ध्यान पढ़ाई में लगाओ।

(दृश्य समाप्त)

(मंजु घर पर तुलसी के साथ)

तुलसी : खाना खा लो बचिया ! ठंडा हो रहा है।

मंजु : (बुझे और दुःखी स्वर में) भूख नहीं है बाबा !

तुलसी : (प्यार से) एक रोटी खा लो !

मंजु : नहीं।

तुलसी : एक रोटी की भूख नहीं ?

मंजु : मन्नु, दीपू कहाँ हैं ?

तुलसी : उनके स्कूल में आज मैच था, आते ही होंगे, मथुरासिंह उन्हें लेने गया है।

मंजु : बाबू जी नहीं आए आफिस से ?

तुलसी : आए थे बचिया ! आ के दौरे पर गए हैं। परसों भोरे लौटेंगे।

(क्षण-भर का मौन)

तुलसी : क्या सोच रही हो बचिया ?

मंजु : अँ···कुछ नहीं।

तुलसी : क्या बात है ? तुम्हारी तबियत ठीक नहीं है ?

मंजु : अँ···हाँ, मेरे सिर में दर्द है।

तुलसी : आओ थोड़ा-सा सो लो···।

(दृश्य समाप्त)

(मंजु का क्लास चल रहा है। प्रिंसिपल क्लास ले रही है।)

प्रिंसिपल : मंजु ! तुमको कुछ पूछना है ?

मंजु : (सहमते हुए) नहीं।

प्रिंसिपल : तुम्हारा करेक्शन करते-करते मेरे चश्मे का नम्बर बढ़ जाएगा··· एक भी आन्सर ढंग से नहीं लिखा है···(ठहर कर) 'द ब्लैंकेट' पढ़ा ?

मंजु : (सहम कर) जी, नहीं, कल पढ़कर आऊँगी···

प्रिंसिपल : (व्यंग से) कल पढ़ कर कौन-सा तीर मार लोगी···?···तुम्हारा स्कूल आने में कोई लाभ नहीं, तुम स्कूल छोड़कर प्राइवेट एपीयर हो जाओ···

(मंजु की आँखों से आँसू निकल जाते हैं।)

···रो क्यों रही हो ? इसमें रोने की कौन-सी बात हो गई ? अब बैठ जाओ···(कुछ खीजकर) आई से सिट डाउन, एन्ड डोंट क्रीएट अ सीन हियर···।

(दृश्य समाप्त)

(घर पर तुलसी के साथ)

तुलसी : क्या बात है बचिया ? ऐसे क्यों पड़ी हो ?

मंजु : **(रोकर)** तुलसी बाबा ! मैं मर जाती तो अच्छा था···

तुलसी : **(प्यार से)** ऐसा कुबोल ना बोलते बचिया···

मंजु : इस रोज-रोज की मौत से तो छुट्टी मिल जाती···

तुलसी : **(और प्यार से)** क्या हुआ ?

मंजु : वो मेरी प्रिंसिपल जो घर पर आई थीं न !

(तुलसी सहानुभूतिपूर्वक मंजु की बातें सुनता है।)

तुलसी : हाँ, हाँ।

मंजु : वो मुझसे बहुत झिड़ककर बोलती हैं, मुझसे टेढ़े सवाल पूछती हैं और क्लास से बाहर निकाल देती हैं···

तुलसी : **(गंभीरता से मानो इसकी वजह समझ रहा है)**—हूँ···

मंजु : उनके आते ही मैं इतना डर जाती हूँ कि जो कुछ भी याद होता है, हलक तक आकर न जाने कैसे चकराते हुए पेट में जाकर गुम हो जाता है। वे ऐसे बोलती हैं कि मेरी तो कनपटियाँ झनझना जाती हैं···उनके डर के मारे मैं क्लास में सबसे पीछे बैठती हूँ···

तुलसी : **(प्यार से)** उनको बोलने दो···तुम अपना संगी-साथी में मगन रहा करो···

मंजु : **(कातर स्वर में)** स्कूल में मेरी कोई दोस्त नहीं बाबा ! पता नहीं क्यों मेरी तरफ कोई देखता तक नहीं, मेरे से कोई बात ही नहीं करता···। **(ठहर कर)** लगता है मेरा स्कूल राक्षस की गुफा है···बाबा···रात में मुझे डरावने सपने आते हैं···।

तुलसी : **(प्यार से समझाते हुए)**···जी छोटा ना करो बचिया···परसों तुमरी अम्माँ आ रही हैं, वे सब सँभार देंगी···

(कुछ समय के अन्तराल के बाद मंजु की माँ का आना)

तुलसी : माँ, माँ ही होती है। मलकिनी ! बचिया, मन्नु, दीपू का मैं कितना ध्यान रखूँ···पर आपकी बराबरी थोड़े ही कर सकता हूँ···

माँ : **(स्वर ऐसा मानो अपने हमदर्द से बात कर रही हो)** आप ही का सहारा है तुलसी भाई ! नहीं तो इतना-इतना दिन बच्चों को छोड़कर मैं गाँव में रह पाती···?

तुलसी : गाँव का क्या हाल-चाल है ?

माँ : वही, वहाँ कुछ बदल सकता है भला···? ताने-उलाहने···, इतना देने के बाद भी बड़की बोलने लगीं, "अरे देने का दिल चाहिए भउजी ! हमने तो सुना है कि बड़े अफसरों के यहाँ लोग ऐसे ही चीजें दे जाते हैं।"···आप ही कहो भाई ! यहाँ आपने कभी किसी

को कुछ देते देखा है ?

तुलसी : उनको भी सब पता है मलकिनी !

माँ : तो क्यों मुझे दुःखी करती हैं वे ?

तुलसी : मलकिनी ! आप इतना भी नहीं समझतीं ? वे लोग आपकी गिरस्ती देखकर जलती हैं, आपको दुःखी करके वे मन ही मन परसन्न होती हैं।

माँ : **(पुकारते हुए)** मंजु ! मंजु !···ये मंजु कैसी हो गई है ? न हँसना, न बोलना, जब से आई हूँ देख रही हूँ वह बुझी-बुझी रहती है···

तुलसी : मन्नु-दीपू तो बाहर खेल-कूद आते हैं, अब बचिया के मन की बात कौन सुने ? आखिर है तो बच्ची !

माँ : **(पुकारते हुए)** मंजु ! मंजु !

मंजु : **(अंदर से आते हुए)** आई माँ !

तुलसी : मैं चलूँ, मेरे काम पड़े हैं।

माँ : मंजु ! बेटी ! तुम इतनी खोयी-खोयी क्यों रहती हो ? इस उम्र में लड़कियाँ मार कपड़े-लत्ते की फरमाइशें करती हैं और एक तुम हो !···देख रही हूँ तुम ठीक से खा भी नहीं रही हो···

मंजु : **(कातर स्वर में)** मुझे भूख नहीं लगती माँ !

माँ : ये रोज-रोज तुम्हारी भूख को क्या हो जाता है ?

(मंजु रोने लगती है।)

माँ : **(प्यार से)** तुम्हें क्या तकलीफ है बेटी ? मत रो, तुम्हारे रोने से मेरा मन टूट जाता है।

मंजु : कहाँ रो रही हूँ···**(ठहर कर)** माँ ! मेरी प्रोग्रेस रिपोर्ट पर तुम साइन कर दोगी ?

माँ : **(प्यार से)** ले आओ।

(थोड़ी देर में)

मंजु : ये लो।

माँ : **(रिपोर्ट कार्ड देखकर दुःखी और चिन्तित स्वर में)** बेटी ! तुम्हारा रिजल्ट इतना खराब कैसे हो गया ? पढ़ाई में तुम ऐसी तो न थी।

मंजु : पढ़ती तो हूँ माँ ! पता नहीं मुझे क्या हो गया है, मेरे दिमाग में कुछ नहीं जाता···

माँ : **(सोचते हुए)** नहीं बेटी ! ऐसे कैसे चलेगा ? कुछ तो सोचना ही पड़ेगा, करना ही पड़ेगा···**(ठहर कर)** कल तुम्हारे मामाजी

आएंगे, उनसे कहूँगी कि तुम्हें पढ़ाने के लिए किसी अच्छे शिक्षक की व्यवस्था कर दें···

(पाँच-छः दिनों के अन्तराल के बाद)

मां : **(स्वर में कार्य सफल होने का हल्का-सा स्पर्श)** मंजु ! मामा जी ने एक बहुत अच्छे शिक्षक का पता दिया है, लेकिन वे तुम्हें घर पर पढ़ाने नहीं आ सकते। तुम्हें ही वहाँ जाना होगा···, चलो, जल्दी तैयार हो जाओ···

मंजु : अभी आई मां !

(थोड़ी देर के अंतराल के बाद)

(सर के घर पर)

मां : ऐसा है मास्टर साहब ! ये लड़की पढ़ाई में गड़बड़ा गई है···पहले तो बहुत अच्छे नंबरों से पास होती थी, अब यहाँ आकर जाने क्यों पिछड़ गई है···इसके पिता जी अपने काम में व्यस्त रहते हैं और मुझे बराबर गांव जाना पड़ता है···

सर : **(अत्यन्त गंभीर, संतुलिय किन्तु हौसला बढ़ाने वाला स्वर)** इसकी आँखों में तेज है, इसे पढ़ाई में पिछड़ना तो नहीं चाहिए···आप चिन्ता न करें, अब ये मेरी शिष्या है, सब ठीक हो जाएगा···

मां : देखो मंजु ! तुम्हारे सर जैसा कहें, वैसा करना।

सर : मैं जानता हूँ यह खूब पढ़ेगी, मैं इसकी मदद करूंगा।

(दृश्य समाप्त)

(सर के घर पर)

सर : **(स्वर में स्नेह और लगाव)** मंजु ! कब आईं तुम ? वहाँ क्यों खड़ी हो ? तुम सीधी यहाँ आ जाया करो।···आज क्या पढ़ना है ?

मंजु : इतिहास···

सर : ब्रिटिश शासन के प्रशासनिक ढांचे, नीतियाँ और प्रभाव तो हमने कर लिया ?

मंजु : जी !

सर : आज हम पढ़ेंगे राष्ट्रीय आन्दोलन। नए नेताओं में सबसे प्रमुख थे बाल गंगाधर तिलक, विपिन चन्द्र पाल, लाला लाजपत राय और अरविन्द घोष। ये 'गरम दल' के नेता **(ध्वनि इस तरह डिसोल्व होती है मानो वे बहुत प्यार से समझाते हुए पढ़ा रहे हैं।)**···अब इतिहास बन्द करो और गणित निकालो।

(मंजु मानो दूसरी पुस्तक निकालती है।)

सर : फलन और अनुप्रयोग हमने कर लिया। आज करेंगे त्रिभुज और

चतुर्भुज की रचना।

(दृश्य समाप्त)

(माँ के साथ घर पर)

मंजु : (स्वर में उल्लास) माँ ! सर इस तरह समझाते हैं कि लाइन-लाइन दिमाग में समा जाती है। भारी-भारी हिसाब को भी आसान बना कर सामने रख देते हैं।

माँ : (खुश होकर) अच्छा !

मंजु : (उत्साह से) मुझे लगता है सर के अन्दर सारा ज्ञान समाया हुआ है···माँ ! सर मुझे बहुत अच्छे लगते हैं।

माँ : (धीरे से) भगवान ने मेरी सुन ली।

मंजु : चाची जी भी उतनी ही अच्छी हैं···।

माँ : चाची कौन री ?

मंजु : मेरे सर की पत्नी।

माँ : ओह !

मंजु : वे मुझे देखकर कहती हैं कि मालूम नहीं क्यों तुमको देखकर हमरी आत्मा बहुत जुड़ाती है···

माँ : तुम हो ही अच्छी लड़की।

मंजु : (प्रशंसा के स्वर में) मास्टर साहब को क्या और कैसा भाता है, कितना और कब चाहिए, वह सब जानती हैं। जानती हो माँ ! वे कहती हैं आज मेरे बड़के की चिट्ठी जरूर आएगी, और चिट्ठी आ भी जाती है···

(इतना कहकर मंजु उन्मुक्त हँसी हँसती है।)

माँ ! सर के यहाँ जाने का समय हो गया···

(मंजु का प्रस्थान)

तुलसी : नये मास्टर साहब के यहाँ जाते बचिया कैसी बदल गई मलकिनी ! भोरे चारे बजे ही उठकर पढ़ने बैठ जाती है, बस उन्ने एक ही बात से मतलब है, पढ़ाई, पढ़ाई।

माँ : इसका मन अब पढ़ाई में सध गया है तुलसी भाई !

(दृश्य समाप्त)

(मंजु सर के घर पर)

सर : (हौसला बढ़ाने वाला स्वर, साथ ही सच्चाई का स्पर्श) मंजु ! तुम्हारे अन्दर की सारी सम्भावनाएँ जाग गई हैं, पढ़ाई में ऐसा कुछ भी नहीं जो तुम नहीं कर सकतीं···! तुम्हारे इम्तिहान आ गये हैं, इस बार तुम्हारे लिए फर्स्ट होना कोई कठिन बात नहीं

है…

मंजु : (उत्साह से) क्या मैं कर सकूँगी ?.

सर : क्यों नहीं ? तुम चाहो तो क्यों नहीं हो सकता ? सारे पेपर अच्छी तरह कर लो…(ठहरकर, स्वर में परिवर्तन) तुम्हारी चाची तुम्हें बुला रही हैं, तुम्हारे खाने के लिए उन्होंने कुछ बनाया है…!

(दृश्य समाप्त)

(कुछ दिनों के बाद सर के घर पर मंजु)

सर : (शाबासी देने के स्वर में) हाँ, तो तुम क्लास में फर्स्ट आई हो ?

मंजु : (बहुत प्रसन्नता से) जी सर !

सर : (प्यार से) तुम कहती भी न तो भी मैं तुम्हारा चेहरा देख कर समझ जाता‥। मैं जानता था कि ये लड़की नगीना है… (स्वर बदलकर) आगे भी इसी तरह पढ़ना…, तुम सफलता के शिखर पर पहुँचो…मगर एक बात याद रखना ! पढ़ने-लिखने का मतलब केवल क्लास में फर्स्ट होना नहीं है…, नेक इन्सान बनना है…। सदा सत्य बोलना, परिश्रमी बनना, न्याय का पक्ष लेना, दूसरों के सुख-दुःख को समझना और कभी दूसरों की प्रगति से ईर्ष्या मत करना…, समझी मेरी बच्ची !

मंजु : (इस उपदेश को मानो आत्मसात् करते हुए) जी सर !

(दृश्य समाप्त)

(फ्लैश फार्वर्ड)

मंजु : (स्वगत) और वे तीन साल पंख लगा कर बीत गए…

विवेक : माँ ! अब घर चलें ?

मंजु : अँ…हाँ चलें…(कुछ सोचकर) एक मिनट !

विवेक : क्या ?

मंजु : जरा उस आदमी के पास चलें…!

विवेक : उनके पास ?…जो तुम्हारे सर से मिलते-जुलते हैं ?

मंजु : हाँ !

(दोनों मानो वहाँ चलकर जाते हैं।)

(क्षण भर का अन्तराल)

मंजु : (बेहद खुशी से) विवेक बेटे ! ये तो मेरे सर हैं बेटे ! मेरे सर !

विवेक : (जैसे कुछ समझने में असमर्थ हो) क्या ?

मंजु : (खुशी से) हाँ बेटे ! मेरे सर !

(सर के पास आकर)

मंजु : (स्वर में अति उत्सुकता) सर ! मैं मंजु…

सर : (**निर्लिप्त स्वर में**) कौन ?

मंजु : मुझे नहीं पहचाने सर ! मैं मंजु ! आपकी शिष्या···

सर : (**पहचानते हुए, स्वर में खुशी और अपनापन**) कौन ? मंजु ! मंजु तुम ?···तुम यहाँ कैसे ? कहाँ हो आजकल ?

मंजु : मैं यहीं हूँ सर ! दिल्ली में ही, आप···?

सर : मैं भी यहीं हूँ। मेरे छोटे लड़के विद्याधर की पोस्टिंग यहीं है, उसी के पास रहता हूँ···

मंजु : ये मेरा लड़का है विवेक ! इसके पिता दो महीने के लिए विदेश गए हैं···

विवेक : (**भोलेपन से**) माँ आपके बारे में रोज बातें करती हैं···

सर : (**खुश होकर**) अच्छा !

मंजु : हाँ सर ! आपको क्या कभी भूल सकती हूँ ? आपकी दी हुई शक्ति ही आज मेरे अन्दर प्रवाहित हो रही है···अकसर सोचती हूँ अगर आप न मिले होते तो मेरा क्या होता ?···या तो मैं इस दुनिया में होती ही नहीं, होती भी तो किसी मानसिक चिकित्सालय में···! (**ठहर कर**) चाची जी कैसी हैं ?

सर : (**आत्म-करुणा से व्यथित स्वर में**) वह रहीं नहीं।

मंजु : (**खुशी के प्रवाह में धक्का लगता है। दुःखी स्वर में**) ओह !··· उनका दिल ममता का समंदर था।···आपके बड़े लड़के कहाँ हैं ?

सर : (**स्वर में कातरता**) वह विदेश में है, वहीं एक विदेशी लड़की से शादी कर बस गया···

मंजु : आपका घर कहाँ है सर ?

सर : (**एक अजीब हिकारत से**) मेरा घर ? है तो पास ही, मगर मेरा ज्यादातर समय इसी पार्क में कटता है···

विवेक : (**भोलेपन से**) क्यों ?

सर : (**अर्थपूर्ण स्वर में**) तुम नहीं समझोगे बेटे !···घर पर खाली बैठे-बैठे जी उकता जाता है तो यहाँ आ जाता हूँ···

मंजु : (**आग्रह के स्वर में**) मैं आपके साथ आपका घर देख लेती तो मुझे आने में सहूलियत होती।

सर : (**सोचते हुए**) हूँ···सो तो है···अच्छा चलो !

(**सर उठते हैं। तीनों चल पड़ते हैं।**)

मंजु : विवेक ! दौड़ो मत ! साथ-साथ चलो···। (**सर से**) देख के सर !

सर : इधर मेरी आँखें कमजोर हो गई हैं।

मंजु : आपने चेक करवाया ?

सर : **(आत्म-व्यथा से पीड़ित स्वर में)** शरीर तो नश्वर है, इसे तो···

(मानो पास से एक बस गुजरती है और उसकी घुरघुराहट में बात दब जाती है ।)

मंजु : इसी समय मैं आप मे पढ़ने जाया करती थी, वे रास्ते मुझे आज भी याद हैं···

सर : ये घर आ गया···

(सर बाहर से कॉल-बेल बजाते हैं ।)

सर : अब शरीर साथ नहीं देता···, बहुत जल्दी थक जाता हूँ···

(सोनिया दरवाज़ा खोलती है, दरवाज़ा खोलते ही अंदर (चल रही पार्टी का शोर सुनाई देता है ।)

सोनिया : **(अपनत्व से रिक्त स्वर में)** पापा जी ! आप ? इतनी जल्दी लौट···

(तब तक सोनिया की नज़र मंजु पर पड़ती है ।)

सर : **(गंभीर स्वर में)** आज पार्क में मुझे ये मिल गई···

सोनिया : **(जिज्ञासा से)** जी, आप···?

मंजु : मेरा नाम मंजु है । मैं सर की शिष्या हूँ···

सोनिया : ओह ! आई सी···

(सर, मंजु, विवेक अन्दर जाते हैं । वहाँ पार्टी का शोर बढ़ता है ।)

एक सज्जन : हाय सोनिया ! एक जाम मेरे नाम भी !

सोनिया : रेम्बो ! ये हैं विद्याधर के फादर और ये उनकी स्टुडेंट !

वही सज्जन : गुड इवनिंग !

सर : चलो, भीतर चलो मंजु !

मंजु : विवेक, इधर आओ ।

(तीनों अन्दर के कमरे में आते हैं । वहाँ पार्टी की बहुत मद्धिम आवाज़ आ रही है ।)

सर : **(दुःखी स्वर में)** जहाँ उपेक्षा और अवहेलना मिले, वहाँ से चल देना ही ठीक होता है मंजु !··· **(ठंडी साँस लेकर)** इनका दुनियादार जीवन-दर्शन देख रही हो ?··· तुम बैठो, मैं अभी आया, एक मिनट में···

(सर का प्रस्थान)

विवेक : माँ ! मैं ये कामिक्स देख लूँ ?

मंजु : देख लो ।

(सोनिया का प्रवेश)

सोनिया : **(अत्यंत औपचारिक स्वर में)** मे आई ज्वायन यू, मंजु जी ?

मंजु : हाँ, आइए न !

सोनिया : आप क्या लेंगी मंजु जी ? साफ्ट या···मेरे ख्याल से फलों का रस ही चलेगा···

मंजु : जी, कुछ भी···

सोनिया : अभी लाई ।

(सोनिया शर्बत लेने जाती है । पाश्चात्य धुन की मद्धिम ध्वनि और पार्टी का शोर सुनाई देता है ।)

एक सज्जन : सोनिया ! कोई मिसाल नहीं तेरे शबाब की ! देखो ! तुम्हारे लिए क्या आया है ?

सोनिया : **(नखरे वाले अन्दाज से)** क्या ?

वही सज्जन : तुम्हारे लिए एम० के० इंटरप्राइजेज से ये गिफ्ट आये हैं ।

सोनिया : ओह ! हाउ स्वीट !

(सोनिया मंजु के पास आती है ।)

सोनिया : ये लीजिए, मंजु जी !···ये लो बेटे ! **(हँसकर)** ये आज अचानक आपको अपने गुरु की याद कैसे आ गई ?

मंजु : आज पार्क में···

(अन्दर चल रही पार्टी से कोई बुलाता है ।)

एक सज्जन : सोनिया ! कहाँ हो ?

सोनिया : एक्सक्यूज़ मी, मंजु जी !

(सोनिया जाती है । सर आते हैं ।)

सर : **(हल्के आक्रोश में)** इतना शाही सरंजाम करने की क्या जरूरत थी ? ये समझते हैं कि प्रतिष्ठा रोब-दाब और रुपये में है···यही सब उन्नति के रास्ते हैं, चरित्र और स्वभाव इनके लिए गँवारूपन है···विद्याधर की पत्नी सारा दिन ताश खेलती है और शाम को पार्टियों में जाती है । बच्चों को न जाने कैसी शिक्षा दे रहे हैं··· दामी स्कूल में पढ़ाने की झूठी शान ! अभी यहाँ वयस्कों की कॉकटेल पार्टी चल रही है, इसलिए उन्हें वीडियो देखने कहीं भेज दिया गया है···

(मंजु चुप है ।)

सर : मगर इन्हें कुछ भी नहीं कहा जा सकता···, कहा तभी जा सकता है मंजु, जब आदमी के पास सहानुभूति हो, ज्ञान हो, ज्ञानहीन

आदमी तो अंधे के समान होता है···

मंजु : समय बदलता है तो···

सर : हाँ मंजु ! समय के साथ सारा जीवन बदल जाता है, बँधा-बँधाया क्रम टूट जाता है···सुबह उठना, पूजा करना, स्कूल जाना, पढ़ना-पढ़ाना, पूरी की पूरी शृंखला छिन्न-भिन्न हो गई···।

(अन्दर पार्टी से अश्लील ठहाके की गूँज आती है।)

सर : (पीड़ित स्वर में) मेरे पढ़ाये छात्रों के गुण दुनिया गाती है··· (अतीत में खोकर) दीपक बहुत बड़ा पुलिस अफसर है, उसकी ईमानदारी और निर्भीकता के चर्चे होते हैं। महेश्वर नामी डाक्टरों में गिना जाता है···, वह रोज एक घंटा गरीब मरीजों को मुफ्त देखता है। विद्याधर कम प्रखर थोड़े ही है, मगर···मेरे पास चुप रहने के सिवाय कोई चारा नहीं···, मैं तो एक मामूली मास्टर···

मंजु : (बीच में ही) नहीं, नहीं सर ! आप केवल एक निपुण शिक्षा-शास्त्री ही नहीं, बल्कि उससे भी कोई गहरी चीज है आपके भीतर, यह मुझसे अच्छा कौन जानेगा ?

(सर ठंडी साँस लेकर चुप हो जाते हैं। बात बदलने के ख्याल से मंजु कहती है।)

मंजु : मैंने तो सपने में भी नहीं सोचा था कि इस तरह आप से मिलूँगी···

सर : (दार्शनिक अन्दाज में) जीवन इतना अप्रत्याशित घटित होता है जिसकी कोई पहले से कल्पना भी नहीं करता, मंजु !

(उधर पार्टी चल रही है। सोनिया किसी से बातें कर रही है।)

सोनिया : (हँसकर) सनी को टैकिल करना आसान है क्या ? बहुत नॉटी है, बस क्रीकेट खेलता रहता है। कॉपी देखो उसकी। कहीं अनटाइडी लिखा रहता है, कहीं इनकम्प्लीट !

(विवेक अब तक ऊब चुका है।)

विवेक : माँ !···अब घर चलो।

सर : (लगाव के साथ) आओ मंजु ! अँधेरा हो रहा है, तुम्हें बच्चे के साथ जाना है।

मंजु : हाँ सर।

सर : तुम आती रहना मंजु ! मेरा जी उचाट रहता है, कुछ अच्छा नहीं लगता···

मंजु : (**स्वर में प्रेम और आश्वासन**) मैं आती रहूँगी सर ! यहाँ से मेरा घर बिलकुल पास है,···और आपको भी अपने घर ले चलूँगी।

सर : सोनिया तुम्हारे जैसी क्यों नहीं ?

मंजु : उन्हें आप जैसा गुरु नहीं मिला होगा सर !

सर : (**कातर स्वर में**) ये समझते हैं कि मेरा कोई नहीं है, तुम आओगी तो समझेंगे इसका भी कोई है।···(ठहरकर) तुम जरूर आना मंजु ! भूलना मत।

मंजु : (**बहुत स्नेह से**) मैं जरूर आऊँगी।

सर : (**दयनीय बच्चे की तरह**) अब कब आओगी ?

मंजु : आप जब भी बुलाएँगे मैं आ जाऊँगी···

सर : (**भींगे स्वर में**) तुम से मिलकर लग रहा है कि मेरा प्राप्य मुझे मिल गया···।

वे पाँच शब्द

पात्र-परिचय

माया : नाटक की नायिका—उम्र लगभग 30-32 वर्ष
अजित : माया का पति—उम्र लगभग 35-36 वर्ष
प्रिया : माया की बेटी—उम्र लगभग 8 वर्ष
पूजा : माया की बेटी—उम्र लगभग 6 वर्ष
मोची : वृद्ध, जूते मरम्मत करने वाला
चेतू : एक गरीब मस्त लड़का—उम्र 12-13 वर्ष
कुमार : एक चतुर धूर्त व्यक्ति—उम्र लगभग 40 वर्ष

(माया ऑफिस से घर लौट रही है। घर जाते समय उसकी चप्पल टूट जाती है। पास ही एक मोची पेड़ के नीचे बैठा है।)

माया : **(स्वगत)** ओह ! चप्पल टूट गई···, **(ठण्डी साँस लेकर)** चलो घर के पास टूटी···सामने मोची है···

(माया मोची के पास जाती है)

माया : मोची ! भाई जल्दी से चप्पल में एक कील ठोक दो···

मोची : नौंस्कार मीम सा ! अभी लो। एइ चेतू ! मेम सा को पैर रखने के लिए फट्टा दो···

माया : **(मोची से)** प्रिया के जूते बना दिए ?

मोची : जरा-सा काम बाकी है उसमें।···आप घर चलो मैं लेकर आता हूं··· **(चप्पल बनाकर देते हुए)**···ये लो मीम सा ! कल फुरसत से भेज देना, चमड़ा लगाकर पक्का कर दूंगा···

माया : ये लो रुपये···

मोची : इसके पचास पैसे बनते हैं···

माया : रखो···

(माया चली जाती है)

मोची : चेतू ! ये मीम सा बड़ी भली हैं···

चेतू : हाँ ! पचास पैसे की जगह एक रुपया दे गईं···, नहीं वो लोग दस-दस पैसे के वास्ते बिगड़ने लगते हैं···

मोची : **(दार्शनिक अन्दाज में)** छोरा ! लोगों के अन्दर बहुत गुस्सा जमा रहता है पहले से···, जहाँ अपने से कमज़ोर पाया कि बस···**(मोची आँख मलता है)**

चेतू : ···तुम्हारी आँखों को क्या हुआ बाबा ?

मोची : ···अँ कुछ नहीं,···आँखों के आगे धुंधला लग रहा है···ठीक हो जाएगा···किसी चीज को जादा देर तक देखते रहने से हो जाता है···

(दृश्य समाप्त)

(माया घर पहुँचती है। प्रिया और पूजा स्कूल से लौटी हैं।)

प्रिया : मम्मी आ गईं !

माया : प्रिया ! पूजा ! तुम लोग अभी तक स्कूल के कपड़े नहीं बदलीं ?

पूजा : मम्मी ! आज आने में देर क्यों कर दी ?

माया : मेरी चप्पल टूट गई थी···

प्रिया : मम्मी ! आज एक्ज़ाम का रूटीन मिल गया···मण्डे को मेरा इंग्लिश है···

माया : प्रिया ! पूजा ! अब तुम दोनों पढ़ो मन लगाकर। आज से खेलना-कूदना बिलकुल बन्द···। पूजा ! कल जो मैंने तुम्हें मैथ्स दिए थे, वे पूरा करो···

पूजा : अच्छा···

माया : तुम्हारे पापा नहीं आए···?

पूजा : नहीं···

माया : उन्हें दुनिया के लिए टाइम है, दोस्तों से बात करने का वक्त है, बस घर के लिए टाइम नहीं है।

(कॉल-बेल बजती है। प्रिया दरवाज़ा खोलती है। अजित आता है।)

प्रिया : मम्मी ! पापा आ गए···

माया : आज बहुत देर कर दी···, **(प्रिया से)** प्रिया ! तुम पढ़ने जाओ··· **(अजित से)** अजित ! तुमको क्या हुआ ? तबियत तो ठीक है न ?

अजित : हूँ, तबियत तो ठीक है···इन दिनों आफिस में नया अफसर आया है। एक-एक फाइल पर नई तलब ! आफिस में सबके नाक में दम किए रहता है···

माया : जाने दो···इस दफतर में अब रहना भी कितने दिन है···(**वहीं से**)··· पूजा ! तुम मैथ्स कर रही हो न ?

पूजा : (**अन्दर से ही**) हाँ मम्मी !

माया : ···अजित ! आज कुमार खाने पर आ रहा है···

अजित : कौन कुमार ?

माया : तुम्हें तो कुछ याद ही नहीं रहता···। हडसन एण्ड हडसन के एम० डी० का पी० ए० कुमार।···पन्द्रह को वहाँ तुम्हारा इंटरव्यू है, इसने मदद कर दी तो···

अजित : (**कोफ्त होकर**) माया !···ये सब मुझे···

माया : (**समझाते हुए**) जानती हूँ तुम्हें ये पसन्द नहीं, पर सोचो ये जॉब तुम्हें मिल गई तो हर महीने पूरे एक हजार ज्यादा मिलेंगे···

अजित : (**अप्रसन्न भाव से**)···तुमने उसे बुलाया क्यों ?

माया : मैंने नहीं बुलाया, उसने खुद ही···

अजित : माया ! तुम जानती हो···

माया : अब उसे कह दिया है···, तुम केवल अपना सोचते हो, ये नहीं सोचते कि घर में दो पैसे आएँगे तो हम सबको आराम होगा···(**प्यार से**) कभी-कभी मन मारना पड़ता है···(**ठहरकर**) तुम देखना ! बहुत इंटरेस्टिंग आदमी है···

अजित : (**ठण्डी साँस लेकर**) अच्छा !

माया : ···जानते तो हो आजकल हर काम के लिए कितना पुश-पुल चाहिए···

(कॉल बेल बजती है । माया दरवाज़ा खोलती है ।)

माया : मोची ! जूते तैयार कर दिए ?

मोची : जी ! पालिस भी कर दिया है···

माया : ठीक···पैसे बाद में दे दूंगी, अभी बहुत काम···

मोची : कोई बात नहीं मीम सा ! पैसे कहाँ जाते हैं···

(मोची जाता है । माया खाना बनाती है ।)

अजित : (**प्रिया-पूजा से**) हूँ···, पढ़ाई हो रही है ?

प्रिया : पापा ! एक्जाम के बाद हमारा स्कूल बन्द हो जाएगा···

अजित : कितने दिन की छुट्टी है ?

प्रिया : एक महीने की···

पूजा : पापा ! छुट्टी में कहीं घूमने चलिए न !

अजित : अच्छा।···पहले पढ़ाई करो···

(माया अन्दर से पुकारती है)

माया : प्रिया, पूजा ! आओ, दोनों खाने···

(प्रिया-पूजा आती हैं)

पूजा : आज तो बहुत अच्छी-अच्छी चीजें बनाई हो माँ…

माया : तुम दोनों खाकर सोने चली जाओ। सुबह जल्दी उठना है।

(अजित चुप बैठा है)

माया : अजित !…तुम भी…! आखिर कोशिश से ही लोग आगे बढ़ते हैं…

अजित : माया ! लोग मेहनत और ईमानदारी से आगे बढ़ते हैं। ये…

माया : ये मैं कब नहीं मानती अजित ! पर अब कह दिया है तो…प्रिया, पूजा, जाओ अपने कमरे में…

(कॉल बेल बजती है)

माया : आ गया कुमार !

(माया दरवाजा खोलती है)

माया : नमस्ते ! कुमार साहब ! आइए…

कुमार : नमस्ते ! नमस्ते !

अजित : (बेमन से, स्वगत शून्य, मात्र औपचारिक भाव से) नमस्ते ! बहुत राह दिखाई आपने…

कुमार : (हँसकर, खुले स्वर में) माफी चाहता हूँ बन्धु ! क्या बताऊँ ! महानगर की भागदौड़ ! गमे जिन्दगी, गमे जॉब…यहाँ आ ही रहा था कि एम० डी० ने गाड़ी भेजकर बुलवा लिया, सोचा फोन करके आपसे माफी माँग लूँ, फिर ख्याल आया यहाँ तो…

अजित : (कुछ व्यंग्य से) आप तो बहुत बीजी रहते होंगे, व्ही० आई० पी०…

कुमार : अजी छोड़िए अजित बाबू ! काहे के व्ही० आई० पी०…

(माया खाने की मेज ठीक कर रही है)

कुमार : …लोगों की भलाई करने में, उनका सही सम्पर्क कराने में मुझे लगता है कुछ कर रहा हूँ…(स्वर बदलकर) नहीं तो मैं कब का आत्महत्या कर लिया होता…

(अजित कुमार से चिढ़ रहा है, पर साथ ही अपनी चिढ़ पर अंकुश भी लगा रहा है। माया ठण्डा पेय लेकर आती है)

अजित : …लीजिए !…आप ठण्डा लेंगे…?

कुमार : (बेतकल्लुफी से) जो आप खिला-पिला दें, मैं तो बस होस्ट की मेहरबानी पर जिन्दा रहता हूँ…

माया : आप इनसे बात कीजिए, मैं खाना लगाती हूँ…

कुमार : अजित बाबू ! यहाँ आपको क्या मिल रहा है ?

अजित : ज्यादा नहीं ! बस गुजारे लायक…

कुमार : आपके यहाँ बुरी बात ये लगती है कि वहाँ जूनियर को ज्यादा दे रहे

हैं और जो पहले से हैं उन्हें चार हजार पर लगा रखा है, उसमें फ्यूचर नहीं है···

(अब अजित को कुमार की बातों में रुचि आती है)

अजित : हाँ, इसीलिए तो आपकी कम्पनी में जाना चाहता हूँ···

कुमार : येस,येस। दीस इज़ अ प्रोफेशन ऑफ जेण्टलमैन। इसमें स्कोप भी बहुत है···

अजित : हूँ, स्कोप है, मगर हो तब न।

कुमार : ओपफोह ! बन्धु गजब करते हैं। मैं हूँ न, कैसे नहीं होगा ?···सब होगा···

अजित : हाँ, इंटरव्यू के लिए पढ़ तो रहा हूँ···

कुमार : (बात काटते हुए) बन्धु ! पढ़कर क्या करोगे ? क्या होता है पढ़कर ? (भेद-भरे स्वर में) यही तो आप नहीं जानते बन्धु ! ये इण्टरव्यू वगैरा सब ढोंग है···एक फार्मेलिटी है, खानापूरी है।···अरे मेहनत और योग्यता की बात तो दिखावा है···पर यह नाटक भी जरूरी है। मुझे तो सीधी बात मालूम है, चुने जाने वाला कैंडीडेट पहले से तय होता है·· सेलेक्शन बोर्ड पहले ही···

अजित : मैं तो बोर्ड में किसी को नहीं जानता···

कुमार : (लापरवाह स्वर में) उसकी आप क्यों चिन्ता करते है ? अपने मिस्टर महेन्द्रा हैं न !

अजित : मिस्टर महेन्द्रा ?···कौन ?

कुमार : अरे वही एम० डी० साहब ! मैंने उनसे आपके बारे में बात किया है। हण्ड्रेड परसेंट चांस है आपका !

अजित : मगर बोर्ड में तो और भी मेम्बर्स होंगे···

कुमार : मिस्टर महेन्द्रा हैं चेयरमैन बोर्ड के। उनकी मर्जी के खिलाफ थोड़े ही कोई जा सकता है···पार्टनर ! बात ये है कि हर जगह अपना आदमी बिठाना पड़ता है···

माया : (आते हुए) आइए खाना तैयार है···

कुमार : (उठते हुए)·· ओह ! खुशबू से लग रहा है कि खाना बहुत बढ़िया बना है···

माया : बस यों ही···

कुमार : भाभी जी ! मैं भाई साहब को बता रहा था कि दूसरों के जीवन को सुन्दर बनाने में मुझे बहुत खुशी होती है···

माया : पूरी लीजिए···

कुमार : ···दीजिए (खाते हुए) क्या बताऊँ इस दिल्ली शहर में हर सम्बन्ध

के पीछे कोई-न-कोई स्वार्थ होता है। लोग रसातल में जा रहे हैं··· आदमी का आदमी पर से विश्वास उठ गया है। **(स्वर बदलकर)** भाभी जी ! अपने बन्धु को कुछ नहीं पता कि नौकरी कैसे की जाती है··· रिकमेंडेशन क्या होती है···**(अजित से)** बन्धु ! दुनिया का भी होश करो···

माया : इसीलिए तो आपसे···

कुमार : आप भी क्या बात कही ? बस ? कोई बड़ी बात कही होती !

अजित : आप खीर लीजिए···

कुमार : दीजिए, दीजिए साहब ! मैं इन मामलों में नहीं शरमाता···**(खाते हुए)** मजा आ गया ! स्वादिष्ट भोजन का अपना सुख है···अब उठा जाए···

(सब खाकर उठते हैं।)

कुमार : अब चला जाए···

अजित : बैठिए, अभी जल्दी क्या है ?

कुमार : बन्धु, दस बजे एक जगह पहुँचना है। वहाँ जाने का जरा भी मन नहीं···पर अपनी जरा-सी झक पर···

अजित : इतना बीजी होने के बावजूद आपने यहाँ आने का कष्ट किया···

कुमार : पार्टनर ! **(बनावटी गुस्से में)** ऐसे कहिएगा तो मैं इस घर में कदम नहीं रखूँगा···अच्छा इंटरव्यू सत्रह को है न ?

माया : नहीं, नहीं, पन्द्रह को।

कुमार : ओह भूल जाता हूँ···**(सोचते हुए)** हम लोग का टाइम तो रहता नहीं है, पता नहीं किस समय किधर···कल ! कल तो चार एप्यांटमेंट हैं··· कल तो मरने तक की फुरसत नहीं···अच्छा ! ऐसा करते हैं इण्टरव्यू नौ बजे है न !

अजित : नहीं, दस बजे !

कुमार : **(सोचते हुए)** हूँ दस बजे ! ऐसा कीजिए आप ठीक नौ बजे वहाँ पहुँच जाइएगा···मैं आपको वहीं मिलूँगा···मैं सब करवा दूंगा···आपका इण्टरव्यू ऐसा शानदार होगा कि बाकी मेम्बर्स देखते रह जाएँगे··· अच्छा नमस्कार !

अजित : नमस्कार !

माया : नमस्कार !

(दृश्य समाप्त)

(सोने के कमरे में माया और अजित)

अजित : ये आदमी यों ही बोल रहा था, कुछ करेगा-वरेगा नहीं···

माया : विश्वास भी कोई चीज होती है···

अजित : मुझे तो उसकी किसी बात पर विश्वास नहीं हो रहा था, नम्बरी चालाक और घाघ लग रहा था।···ये तुम्हें मिल कहाँ गया···?

माया : मेरे दफ्तर में आया था किसी काम से···बात चली तो···

अजित : मुझे ऐसे आदमियों से चिढ़ है। कहाँ से बात शुरू करता था और कहाँ पहुँचा देता था···इस तरह बोलना अच्छा नहीं लगता मुझे···

माया : उसने ऐसा तो कुछ नहीं कहा···!

अजित : सब कुछ कहा नहीं जाता···बिटविन द लाइन्स भी कुछ होता है···

माया : (बिगड़कर) असंतुष्ट रहना तुम्हारा स्वभाव बन गया है। कभी कहोगे मुझे तुम्हारे कॅरियर की परवाह नहीं, कभी कहोगे तुम मुझे लेकर इतना परेशान क्यों रहती हो? (स्वर बदलकर) अजित! मुझे खुद ये सब पसन्द नहीं, पर इस व्यवस्था ने हमें कुछ इस तरह का बना दिया है कि हम जहाँ समझौता नहीं करना चाहते हैं वहाँ भी समझौता करना पड़ता है···(ठहरकर, सपने में खोकर)···अजित, ये नौकरी तुम्हें मिल गई न तो छुट्टियों में काश्मीर जाएँगे, मुझे बर्फ से ढके पहाड़ों को देखने का बहुत मन है···

अजित : (गंभीर स्वर में)···मैं उस कमरे में पढ़ने जा रहा हूँ, तुम बहुत थक गई हो, सो जाओ···

(दृश्य समाप्त)

(अजित इण्टरव्यू देने जा रहा है)

अजित : माया! प्रिया, पूजा स्कूल गईं···

माया : हाँ···

अजित : ···तुम्हें आज ऑफिस नहीं जाना क्या?

माया : आज तुम्हारा इण्टरव्यू है न! इसीलिए छुट्टी ले ली! लो प्रसाद खा लो···

अजित : पूजा भी कर ली?···मेरे कपड़े कहाँ हैं?

माया : ये लो। ड्राईक्लीन से अच्छी तरह प्रेस करवा दिया है···(हल्की घबराहट से) तुमने सब पढ़ तो लिया है न?

अजित : (कपड़े पहनते हुए) इण्टरव्यू मेरा है और नर्वस तुम हो रही हो··· देखो! टाई का नॉट ठीक है न?

माया : रुको (नॉट ठीक करते हुए) अँ···हँ ठीक हो गया···, सुनो, शांत मन से इण्टरव्यू देना···अब जाओ, कुमार ने तुम्हें नौ बजे बुलाया···

अजित : माँय ! साढ़े आठ ! ओ०के०···

(अजित जाता है)

माया : **(स्वगत)**···प्रभु हम पर कृपा करना···।

(कॉल बेल बजती है)

माया : **(स्वगत)**···कौन हो सकता है इस वक्त ?

(दरवाजा खोलती है। बाहर मोची खड़ा है)

माया : मोची ! तुम ! मुझे तो कोई जूते नहीं बनवाने···

मोची : **(याचना-भरे स्वर में)** नौंस्कार मीम सा ! एक बिनती है आपसे···

माया : बिनती ? कैसी बिनती ?

मोची : **(संकोच और दैन्य भाव से)** म्हारी घराली बहुत बेमार है, उसके खातिर दवाई चाहिए···बहुत मेहरबानी होगी जो आप पचास रुपये उधार दे दो···

माया : पचास रुपये ?

मोची : **(गिड़गिड़ाकर)** जी मीम सा ! मजबूरी माँ हूँ···ये देखो डागदर का रुक्का ···, दवा ना मिली तो···

(माया असमंजस में है)

मोची : ···आप बहुत दयावान हो, इस गरीब पर रहम करो···

माया : ···पचास रुपये तो बहुत ज्यादा हैं···

मोची : बहुत मुसीबत माँ हूँ···मीम सा !

माया : ···हूँ···अच्छा, ठहरो, देती हूँ···

(माया अंदर से रुपये लाती है)

माया : ये लो पचास हैं पूरे···

मोची : **(अति कृतज्ञ भाव से)** आपने गरीब दु:खियारे की सुन ली···भगवान आपका भला करे···

माया : **(रूखे स्वर में)** कब तक वापस करोगे ?

मोची : चार-पाँच दिनों में जरूर लौटा दूंगा···भगवान आपका भला करे···

(दृश्य समाप्त)

(शाम को अजित इंटरव्यू देकर आता है)

माया : **(व्यग्र होकर)** आ गये अजित ! कैसा हुआ इंटरव्यू ? कुमार मिला था ?···उसने कुछ हेल्प किया ?

(अजित चुप है)

माया : क्या हुआ ? कुछ बताते क्यों नहीं ? सब ठीक हुआ न !

अजित : **(ठंडे स्वर में)** हूँ···नहीं, अच्छा नहीं हुआ···

माया : (अधीर होकर) तुमने इतनी पढ़ाई की थी फिर वो कुमार भी तो···

अजित : सारी चीजें इतनी आसान और सीधी नहीं होतीं जितना तुम समझती हो···

माया : कुमार ने कुछ नहीं किया ?

अजित : कुमार ! वहाँ कहीं कुमार का अता-पता भी नहीं था, वहाँ तो लोग कुमार नाम के आदमी को जानते तक नहीं···मैं तो पहले ही जानता था वो कुछ नहीं करेगा, गलती तुम्हारी है···

माया : (गलती स्वीकार करते हुए) मैं कब कह रही हूँ मेरी गलती नहीं है, पर बताओ न ! इंटरव्यू कैसा हुआ ?

अजित : हूँ···जैसा जवाब देना चाहिए था, नहीं दे पाया···

माया : मुझे डर लग रहा था कि कहीं ऐन मौके पर कुछ गड़बड़ न हो जाए···(ठहर कर) कुछ उम्मीद है ?

अजित : नहीं, मुझे नहीं लग रहा···। वहाँ मुझसे बहुत ज्यादा क्वालीफाइड कैंडीडेट थे···और एक-दो तो बड़ी ऊँची सिफारिश लेकर पहुँचे थे···

माया : फिर ?

अजित : फिर क्या ? सब तो बता दिया···

माया : मैंने तो सपने भी देखने शुरू कर दिए थे कि ये नौकरी तुम्हें मिल गई है और हम···

अजित : कितनी आसानी से कुमार ने तुम्हें ठग लिया, यों तो बहुत अक्लमंद बनती हो, पर पता नहीं कैसे चलते-फिरते पर विश्वास कर लेती हो···

माया : हूँ···ठीक कहते हो, लोग मुझे बहुत आसानी से ठग लेते हैं···वो बूढ़ा मोची है न···!

अजित : ···कौन ? वह जो फुटपाथ पर पेड़ के नीचे बैठता है···

माया : हाँ वही, आज मुझसे पचास रुपये उधार माँगकर ले गया।

अजित : पचास रुपये ! पर उसे उधार देने की जरूरत क्या थी ?

माया : उसकी बीवी बीमार है, वह इतना फटेहाल दिखता है कि···

अजित : एंड यू आर सो लार्ज हार्टेड···

माया : ये बात नहीं अजित ! उस समय तुम इंटरव्यू देने गये थे, सोचा ऐसे समय में अपने दरवाजे से किसी को निराश नहीं लौटाना चाहिए। क्या पता इसी की दुआ लग जाए···मेरी माँ कहा करती थीं कि गरीबों की दुआ-बद्दुआ लग जाती है···

अजित : तुम कैसी इलॉजिकल बात कर रही हो ?

माया : अब कैसे बताऊँ ! तर्क की कसौटी पर ये भावनाएं नहीं परखी जातीं, ये अनुभव की बातें हैं···

अजित : माया ! ये किस ज़माने की बात···

माया : (पश्चात्ताप के स्वर में) हूँ···, एक बार मेरे मन में भी आया कि ना कर दूँ लेकिन उसके कहने में 'कुछ' था···

अजित : अरे यों ही शक्ल बनाकर आँखों में धूल झोंकते हैं ये लोग···

माया : ठीक कहते हो। कल ही जाकर उससे रुपये वापस ले लूंगी, कह दूंगी मुझे नहीं सुनना उसकी बीवी की बीमारी का बहाना···

अजित : खत्म करो ये किस्सा ! अभी न दिमाग साफ है न मन का चैन ! ज़रा एक प्याला चाय देना।···

माया : अभी लाई···

(दृश्य समाप्त)

(लगभग दस दिन बाद। रात का समय है। प्रिया-पूजा सो गई हैं। अजित एक किताब पढ़ रहा है।)

माया : सुनो !

अजित : हूँ···

माया : ···पहले अपनी किताब रखो···

अजित : क्या है ?

माया : देखो न ! मैं पिछले नौ दिनों से लगातार उस मोची की दुकान पर जा रही हूँ, उसने तो आना ही बंद कर दिया। लगता है वहाँ से दुकान उठा लिया···

अजित : (पढ़ते हुए) हूँ···अब क्या आएगा वह, रुपये लेकर गया···

माया : पड़ोस की मिसेज सलूजा बता रही थीं कि उनके पास भी गया था रुपये माँगने, पर उन्होंने दिए नहीं···

अजित : सब तुम्हारे जैसे बेवकूफ थोड़े ही होते हैं···

माया : मिसेज सलूजा कह रही थीं कि उससे बड़ी मुश्किल से पीछा छुड़ाया···

अजित : हमारे यहाँ गरीबी इतनी है कि···

माया : (बिगड़कर) इसलिए शरीफों की जेब काट लो, लूट लो !···आज वो कुमार और बूढ़ा मोची मिल जाए तो शूट कर दूं दोनों को। चोर, चार सौ बीस।

अजित : माया !

माया : इन अनुभवों ने मेरे भीतर की कोमलता को किस तरह कुचला है !···

अजित : दोष तुम्हारा है माया। उस समय नौकरी को लेकर तुम खुद इतनी कमजोर हो गई थीं कि उस वक्त कोई भी तुम्हें नौकरी के नाम से हिप्नोटाइज कर सकता था··· (प्यार से समझाते हुए) मगर माया! ये पचास रुपये क्यों तुम्हें बोझ बन गए हैं···बीसियों रुपये हम इधर-उधर खर्च कर देते हैं···समझ लो किसी गरीब की मदद कर दी। मदर टेरेसा कहती हैं न गरीब की सेवा भगवान की सेवा है।

माया : बात रुपये की नहीं। मुझे जिस चीज से चिढ़ है वह है रवैया, एटीट्यूट।

अजित : अब जो हो गया उसे लेकर कब तक रोती रहोगी?

माया : (आवेश में) मुझ से बर्दाश्त नहीं होता। गुस्सा, नफ़रत, हिकारत, धिक्कार सब जलता रहता है···

अजित : माया! इतनी-सी बात के लिए···

माया : इतनी-सी बात नहीं है, लोग हमें धोखा दिए चले जाएँ और हम मुँह ताकते रहें··· मैं मोची से रुपये लेकर रहूँगी, उससे साफ-साफ कहूँगी कि···

अजित : इस तरह भड़कने से कोई फायदा नहीं।···और अब वो तुम्हें मिलेगा कहाँ?

माया : मैं मोची के घर जाऊँगी···

अजित : (चौंककर) आर यू मैड! दीसीज ए लिमिट! रियली। कोई ऐसी बात कहो जो समझ में आए···

माया : ···मोची के पास एक लड़का अक्सर दिखता था, चेतू। आज दिन में मेरी उससे बात हुई। उसे मोची के घर का पता मालूम है, कल मैं उसके साथ जाऊँगी। उससे मैंने झूठ कह दिया है कि मैं उसकी बीमार औरत को देखना चाहती हूँ···

अजित : (कड़े स्वर में) तुम्हें कहीं जाने की जरूरत नहीं···

माया : (जिद के स्वर में) कुछ भी हो मैं जाऊँगी···कहीं भीतर यह अपमान जैसा लगने लगा है···

अजित : फिर वही बात! जान-बूझकर क्यों उलझनें पैदा करती हो? इस मुगालते में मत रहना कि वह रुपये लौटा देगा···

माया : न दे रुपया! मगर उस खूसट को खरी-खोटी सुनाकर मन का गुबार तो निकालूँगी—कहूँगी इंसानियत धोकर पी गए···

अजित : माया! डाँट-डपट से क्या होगा?

माया : (निश्चय के स्वर में) मैंने तो सोच लिया है, कल चार बजे चेतू के साथ जाऊँगी···

अजित : (बिगड़कर) जो तुम्हार मन में आए सो करो··· लेकिन इससे कोई फायदा नहीं···

माया : इन घटनाओं ने मेरी आत्मा पर चोट की है। इस झूठ और फरेब से मेरी सारी भावुकता उड़ गई है···

अजित : ये सारी फिलासफी अभी जरूरी है क्या ?··· लाइट बुझा दो··· आओ इधर आओ।

(दृश्य समाप्त)

(माया बस स्टॉप पर चेतू से मिलती है)

माया : आ गये चेतू !

चेतू : हाँ।

माया : मोची की बीवी क्या बहुत बीमार है ?

चेतू : हाँ, बेमार होगी, नहीं तो बाबा लागा (नागा) कभी नहीं करते··· घाम हो बख्खा आते जरूर हैं···

माया : किसी दूसरी जगह तो दुकान नहीं लगा लिए तुम्हारे बाबा ?

चेतू : ना, ना ! और जगा किदर है ? इधर जमा-जमाया धंधा है··· ओ हमारी बस आ गई दो सौ तीन नम्बर !

(बस रुकती है, दोनों बस पर चढ़ते हैं)

(बस चलती है)

चेतू : (माया से) बाबा बहुत अच्छे हैं और काकी तो और भी अच्छी है···

माया : (दोहरे अर्थ में) हूँ··· इसीलिए तो देखने जा रही हूँ···

चेतू : एक बार मेरे पैर में एक कील चुभ गई थी, बाबा ने कील निकालकर घाव साफ कर दिया, पट्टी बाँधी, फेर मेरे वास्ते एक पुरानी चप्पल की जोड़ी बनाकर दी···। मीम सा ! आ गया हमारा इसटाप।

(दोनों बस से उतरकर चलते हैं)

चेतू : इधर से··· उधर कचरा··· बच के वहाँ कीचड़ है··· वो रहा बाबा का घर !

(माया और चेतू मोची के घर में आते हैं)

चेतू : (धीमे से) बाबा !

मोची : (बिस्तर पर पड़े-पड़े खाँसते हुए) कौन··· ?

चेतू : ··· मैं हूँ चेतू ! जे मीम सा आई हैं, काकी को देखने···

मोची : (आश्चर्य से) मीम सा !

(मोची को बीमार अशक्त देखकर माया का क्रोध पिघलने लगता है)

माया : (धीरे से) कैसी है तुम्हारी औरत ?

मोची : उसका तो भगवान के घर से बुलावा आ गया··· **(रोते-रोते)** ···मुझे अनाथ कर गई···

माया : **(अत्यंत दुःखी होकर)** क्या ?···

चेतू : होंसला रखो बाबा ! तुम तो खुदई बेमार हो···

मोची : मुझे कुछ नहीं होगा, रे, मेरा मरना इत्ता आसान नहीं भाई ! जाने कित्ते थपेड़े और खाने हैं··· **(बोलते-बोलते दम फूलने लगता है)**

माया : ···ये कैसे हो गया···?

मोची : **(रोती हुई आवाज में)** ओफ्फ ! बड़ी तकलीफ पाई बेचारी ने···थी तो कमजोर बेमारी का जुलुम बरदास ना कर सकी···गरीब की लुगाई कहाँ तक झेले···

माया : कब से बीमार थी···?

मोची : **(कुछ सँभलकर)** महीना से ऊपर हुआ···डागदर को दिखाया, उसने सौ रुपये की दवा लिख दी। कहाँ से लाता इत्ता रुपया ? वो तो उस दिन आपने पचास रुपये दिए तब जाके एक सीसी दवाई खरीदी ! दवाई लेकर घर आया तो देखूँ उसकी साँस बुरी तरह चल रही है··· जिया धक् ! अब क्या हो ? झटपट मुँ में दवाई घाली। मीम सा··· दवाई देते उसे चैन पड़ गया···फेर मैंने उसको बताया कि एक भली-सी मीम सा ने रुपये दिये, उसी से दवाई लाया हूँ···आपको बहुत दुआएँ देने लगी···

(माया निःशब्द रोने लगती है)

मोची : आप रो रही हैं···आप तो साछात देवी हो, बखत पर···

माया : नहीं, नहीं, ऐसा मत कहो···

मोची : दो दिन बाद उसकी हालत फेर गिरने लगी, वो चाहे मैं उसके पास बैठूँ, पर धंधे पर ना जाऊँ तो पैसे कहाँ से आए ? याँ तो रोज कमाना रोज खाना···

चेतू : डागदर को सस्ती दवाई लिखने के वास्ते क्यों नहीं कहा ?

मोची : कहा था। बहुत नाक रगड़ी। कहा, एक बार आके बेचारी को देख ले···मगर डागदर नहीं आया, देने के लिए पैसे नहीं थे न ! लोग गरीब पर रहम नहीं करते···

माया : **(धीरे से दुःखी स्वर में)** और रुपये उधार क्यों नहीं ले लिए ?

मोची : बहुतों के आगे झोली फैलायी मीम सा ! आपके पड़ोस में भी गया था···सभी मुकर गये···हम छोटे मिनख हैं, किसके पास जाएँ··· दुनिया में आप जैसी नेक औरत नहीं होती···आपके रहम से चारदिन जी गई···बस ! यहाँ पड़ा-पड़ा वो खाली सीसी देखता रहता हूँ···वो

खरीद पाता तो···(खोया-खोया मानो अपने-आप से कह रहा हो)··· जिनगी बहुत प्यारी थी उसे···जानती थी उसके पीछे मैं अनाथ हो जाऊँगा···

चेतू : किस दिन मौत हुई ?

मोची : सोमवार को। मैं याँ था भी नहीं। लौटा तो देखा निसपरान पड़ी है···छुआ तो ठंडी बेजान···फेर बस्ती वालों ने जुटकर सब किया, मुझे होस कहाँ थी···? (ठहरकर) आपके रुपये वापिस करने हैं मीम सा।

माया : नहीं, नहीं, रुपये की कोई बात नहीं। तुम काम पर नहीं आए तो मुझे फिकर हुई इसलिए···

मोची : (अभिभूत होकर)···आप मेरे लिए भगवान का रूप धरकर आये हो···मेरे खातिर इस गरीब के मड़ई में आये, धन्न भाग मेरे···और मैं ऐसा पागल पड़ा-पड़ा सोचूं जरूर मीम सा मेरे लिए गालियाँ निकाल रही होंगी···मुझे बेइमान समझ रही होंगी···

(माया दुःख, ग्लानि, पश्चात्ताप से जड़-सी हो जाती है)

माया : नहीं-नहीं, ऐसी बात नहीं···मुझे बताओ क्या करूँ कि तुम्हारी तकलीफ कम हो···

मोची : (चेतू से) चेतू इधर आ! मेरी धोती के अंटी में दस रुपये हैं निकालना जरा···

(चेतू रुपये निकालता है)

चेतू : ···ये लो···

मोची : मीम सा! काट-छाँट के दस रुपये बचाये हैं, ये लो, बाकी काम पर जाऊँगा तो पूगता कर दूंगा···

माया : (आँसू पोंछते हुए) अभी रहने दो बाबा! पहले तुम ठीक हो जाओ···

मोची : बाल सफेद हो गए पर ऐसी मीम सा ना देखी···(मोची खाँसने लगता है)

चेतू : तुम खाली पेट हो बाबा! ऐसी खाँसी तो खाली पेट से···

मोची : (खोखली हँसी हँसकर) तू जानता है···दो दिन से पेट में अन्न का दाना नहीं गया···

चेतू : ठँरो पानी देता हूँ···

(चेतू घड़े के पास जाता है, पर घड़े में पानी नहीं है)

चेतू : घर में पानी तक नहीं···

मोची : (कातर स्वर में) क्या घर! घर तो घरैतिन के साथ गया···

माया : (चेतू से) चेतू ! ये लो रुपये। बाबा के लिए डबल रोटी और बिस्कुट ले आओ···और इस घड़े में पानी भरकर रख दो···

चेतू : अभी लाया मीम सा···

(चेतू बाहर जाता है)

मोची : (अभिभूत होकर) मीम सा !

माया : (हौसला देते हुए) दिल छोटा न करो बाबा ! जल्दी अच्छे हो जाओगे ?···तुम्हारे घर में और···

मोची : थे। दो छोरा, दो छोरी हुए थे। सब भगवान को प्यारे हो गये।

माया : ओह !

(चेतू सामान लेकर लौटता है)

चेतू : ·· अँ···हँ (घड़ा रखता है) ये लो डबल रोटी ! जे रही बिस्कुट और बाकी के पैसे···

माया : पैसे भी यहीं रहने दो चेतू ! बाबा ! अब चलती हूँ, चेतू से अपना हाल-चाल भिजवाते रहना···

मोची : (अहसान के भीगे स्वर में) आपने इस दुखि:यारे पर इत्ती किरपा की···, भगवान आपका भला करे। (आवाज जैसे दिल की गहराई से निकल रही हो) आपको मेरी दुआ लग जाए···

(दृश्य समाप्त)

(माया घर पहुँचती है। अजित उसका इन्तजार कर रहा है)

अजित : (खुशी से) माया ! तुम कहाँ चली गई थीं ? मैं कितनी बड़ी खुशखबरी लाया हूँ···

माया : (न समझ पाते हुए) कैसी खुशखबरी अजित ?

अजित : (बहुत खुश होकर) मुझे हडसन एंड हडसन में नौकरी मिल गई···

माया : (खुशी और आश्चर्य से) क्या ? सच ! सच कह रहे हो ?

अजित : हाँ, हाँ। विश्वास नहीं हो रहा क्या ?···ये देखो मेरा एप्यांटमेंट लेटर ! अगले महीने की पाँच तारीख को ज्वायन करना है···

(माया एक अजीब अनुभव से गुजर रही है, उसके कानों में मोची की आवाज गूंजती है, 'आपको मेरी दुआ लग जाए ···' माया मौन है)

अजित : तुम चुप क्यों हो ?···मोची के घर गई थीं ? रुपये नहीं लौटाये ? छोड़ो भी, तुम भी !

माया : (गंभीर स्वर में) नहीं अजित ! हम ही भीतर से स्वार्थी हैं, अपने ही सुख-दु:ख में अंधे हुए रहते हैं···

(माया की आँखों से आँसू गिरते हैं)

अजित : तुम रो रही हो ?··· माया ! मैं हैरान हूँ। समझ नहीं पा रहा हूँ कि आखिर इतने दिग्गज प्रत्याशियों में से मेरा सेलेक्शन कैसे हो गया···?

माया : (गंभीर, गहरे अर्थ-भरे स्वर में) हूँ···मैं जानती हूँ···'वे पांच शब्द' ···(मोची की आवाज गूंजती है) 'आपको मेरी दुआ लग जाए··· आपको मेरी दुआ लग जाए···'

(आवाज ध्वनित-प्रतिध्वनित होकर गूंजती है)

जंगल की आग

पात्र-परिचय

वीना : नाटक की नायिका—उम्र लगभग 30 वर्ष
सुधीर : वीना का पति
दफ्तर में अधिकारी—उम्र लगभग 34 वर्ष
मीरा : वीना की सहेली
दीपू : वीना और सुधीर का बेटा—उम्र 6 वर्ष
श्रीमती शर्मा : वीना की पड़ोसिन

तथा

वीना के दफ्तर का एक मैनेजर।

(वीना दफ्तर से लौट कर आ रही है। वह बहुत ज्यादा थक गई है।)

वीना : (सीढ़ी चढ़त हुए)···अब सीढ़ियाँ चढ़ने में भी बोझ-सा महसूस होता है···

(दरवाज़े का ताला खोलकर अंदर आती है। अंदर सारा घर अस्त-व्यस्त है)

वीना : (देखते हुए, स्वगत)···यहाँ तो सब कुछ बिखरा पड़ा है···सुधीर का पजामा···दीपू के कपड़े···ये साबुन के झाग से बोथा हुआ शेविंग ब्रश···धोना, पोंछना, माँजना, खाना बनाना···मुझे जल्दी से जुट पड़ना चाहिए···, पर माथा फटा जा रहा है···उठने की शक्ति नहीं रह गई मुझमें···कोई एक कप चाय पिला देता···

(बाहर से भागकर दीपू आता है)

दीपू : (शिकायत के स्वर में) मम्मी !···मुझे लेने क्यों नहीं आई···?

वीना : आ ही रही थी बेटे !

दीपू : ···मुझे शर्मा आंटी अच्छी नहीं लगतीं, मैं नहीं रहूँगा उनके पास···

वीना : दीपू ! ऐसे नहीं कहते बेटे !

दीपू : वे सब खाते रहते हैं और मुझे कुछ नहीं देते···

वीना : तुम वहाँ मत खाया करो··· **(बैग से निकालते हुए)** देख तेरे लिए बिस्कुट लाई हूँ···

(श्रीमती शर्मा आती हैं)

श्रीमती शर्मा : दीपू की माँ !

दीपू : माँ !···शर्मा आंटी आई हैं···

वीना : आइए···, आइए मिसेज शर्मा !

श्रीमती शर्मा : ···बहुत थक गई हैं आप ?···

वीना : हाँ, अभी आई हूँ···

श्रीमती शर्मा : **(बनावटी स्वर में)** हाँ बहनजी, नौकरी वाली औरत को बहुत काम हो जाता है।···पर हर महीने रुपये भी तो आते हैं···।···ये आपका दीपू तो बहुत शरमाता है···इतने दिन से हमारे पास रहता है···पर हम लोग इतना खाने को कहते हैं तो खाता ही नहीं है।···बहन जी, आपकी सिलाई मशीन की सुई टूट गई थी··· खरीद कर नयी लगाई हूँ·· बहन जी !···मैं अपना ये ब्लाउज़ कटवाने लाई हूँ···

वीना : मैं अभी आई हूँ, रख जाइए, रात को काट दूंगी···

श्रीमती शर्मा : ···थोड़ी-सी चीनी देंगी,···घर में खत्म हो गई है···कल बाज़ार से मँगवाके लौटा दूंगी···

वीना : ···नहीं, नहीं, लौटाने की कोई जरूरत नहीं···

(वीना अंदर जाती है)

वीना : **(चीनी निकालते हुए, स्वगत)** रोज़ उनके घर में चाय या चीनी खतम हो जाती है। मेरी सिलाई मशीन उठा कर ले गयीं सो अलग···। **(ठंडी साँस लेकर)** दीपू को वहाँ छोड़ना है तो यह सब बर्दाश्त करना होगा···

(श्रीमती शर्मा के पास आकर)

वीना : ये लीजिए चीनी।···ब्लाउज़ काट कर पहुँचा दूंगी···

श्रीमती शर्मा : ···ठीक है···

(श्रीमती शर्मा जाती हैं)

दीपू : शर्मा आंटी रोज कुछ न कुछ माँगकर ले जाती हैं···

वीना : हूँ···।···इस घर में जहाँ देखो वहीं बेतरतीबी···कल सारा घर

ठीक करूँगी···आफिस नहीं जाऊंगी···छुट्टी ले लूंगी···

(दृश्य समाप्त)

(दूसरे दिन सुबह)

वीना : सुधीर !···ये मेरी छुट्टी की एप्लीकेशन आफिस में देते जाना···

सुधीर : छुट्टी, किसलिए ?

वीना : मेरी तबियत आज ठीक नहीं, वैसे भी आज घर ठीक करना है, ऑफिस से आने के बाद बहुत थक जाती हूँ, फिर मुझसे काम नहीं होता···

सुधीर : तुम्हारा वह मैनेजर बड़ा अजीब लगता है···, मैं नहीं जाऊँगा··· तुम खुद जाकर दे आओ···

वीना : प्लीज़ चले जाओ।···जाने-आने में मेरा कितना समय बर्बाद होगा···फिर···

सुधीर : **(बेमन से)** अच्छा दे दो···

वीना : ···ये लो अपना टिफीन। आज पराठे कच्चे भी नहीं हैं, और··· तुम्हारे पसंद की भिंडी है···

सुधीर : लाओ···, अच्छा चलता हूँ।

(सुधीर जाता है। वीना दरवाजा बंद करती है)

वीना : **(स्वगत)**···आज सबसे पहले सफाई···शुरुआत बेडरूम से, फिर ड्राइंग रूम और अंत में रसोई···

(सफाई का सिलसिला—झाड़-पोंछ, बर्तनों की सफाई··· कपड़े धोना और नहाना···उसके बाद आराम से बैठना)

वीना : **(स्वगत)**···आह ! साफ-सुथरे घर में नहाकर बैठने का अपना सुख है। नौकरी में कैसी भाग-दौड़ है···उलझन और उत्तेजना है लेकिन किसे दोष दूँ···? मैं खुद ही तो जिम्मेदार हूँ···, सुधीर ने तो कितना मना किया था···पर तब···तब तो मैं जिंदगी को मीरा की नज़रों से देखने लगी थी···तब हम नये-नये दिल्ली आये थे···

(फ्लैश बैक)

वीना : **(अत्यन्त आत्मीय स्वर में)** सुधीर ! मुझे तो दिल्ली से डर लगता है···, देखो न ! कितना शोर है यहाँ···यहाँ की सड़कों का तो कोई अंत नहीं···लगता है मैं इनमें खो जाऊँगी···

सुधीर : **(बेहद प्यार से)**···रहते-रहते ठीक लगने लगेगा वीना ! हम लोग छोटी और शांत जगह से आए हैं न ! इसीलिए ऐसा लगता है···

दीपू : मम्मी ! हमको भी वीरगंज अच्छा लगता था···वहीं चलो···

दिल्ली अच्छा नहीं है···

सुधीर : (वीना से) देखो ! तुम्हारी वजह से तुम्हारे बेटे को भी दिल्ली अच्छी नहीं लग रही है··· (दीपू से) नहीं दीपू ! दिल्ली बहुत अच्छी जगह है···कल हम तुम्हें चिल्ड्रेन पार्क ले चलेंगे···चलो अभी तुम्हें टॉफी दिला कर लाते हैं। चलो वीना तुम भी चलो···

वीना : अरे मुझे अभी खाना बनाना है···

सुधीर : चलो न ! आकर बना लेना। तुम्हारे बिना क्या मजा आएगा···

दीपू : हाँ मम्मी ! तुम भी चलो···

वीना : अच्छा बाबा ! चलती हूँ। तुम दोनों पीछे ही पड़ जाते हो···हाँ ···सुनो सुधीर ! मुझे एक प्लास्टिक की बाल्टी लेनी है, सुबह मिसेज शर्मा आ गईं···हमारी बाल्टी देखकर बोलीं—ऐसी टूटी बाल्टी फेंक क्यों नहीं देतीं···?···बहुत बुरा लगा मुझे···

सुधीर : चलो ले लेना···। मुझे भी शेविंग क्रीम लेनी है···

वीना : उतने पैसे कहाँ हैं? याद है आज छब्बीस तारीख है···

सुधीर : ···ओह ! जाने दो ! मेरा काम चल जाएगा···, चलो भी तो···

दीपू : जल्दी करो न मम्मी !

(दृश्य समाप्त)

(वीना, सुधीर और दीपू एक बड़े डिपार्टमेंट स्टोर में)

दीपू : पापा !···मैं ये वाली टॉफी लूंगा···

सुधीर : सुनिए भाई साहब ! ये टॉफी दीजिए—बीस···

(दुकान में मीरा आती है, वह वीना को देखती है)

मीरा : (हल्के आश्चर्य से) ···वीना !··· (पुकार कर) वीना !···तुम !··· मुझे पहचाना ?

वीना : (खुशी से) अरे मीरा तुम !···तुम यहाँ कैसे ?

मीरा : हम लोग तो यहीं रहते हैं···और तुम ?

वीना : हम लोग अभी पिछले महीने ही यहाँ ट्रांसफर होकर आए हैं···

मीरा : ओह ! रीयली !···बहुत अच्छा !

वीना : मीरा ! ये मेरे हसबेंड हैं सुधीर ! (सुधीर से) सुधीर, ये मेरी कॉलेज की सहेली है मीरा।···

मीरा : नमस्कार। ये तेरा बेटा है ? बड़ा प्यारा बच्चा है···

वीना : हाँ···

मीरा : मेरी एक डॉटर है। दार्जिलिंग में बोर्डिंग में है···वीना ! अभी मैं कुछ जल्दी में हूँ···(पर्स खोलकर डायरी निकालते हुए) हां अपना पता दे···तुम्हारे घर आ जाऊँगी···फिर जम कर याद करेंगे

पुराने दिनों को···

वीना : लाओ, मैं अपना पता लिख दूँ···

(वीना पता लिखती है)

वीना : लो···

मीरा : ओ० के०···बाई···मिलेंगे···

(मीरा जाती है)

सुधीर : बड़ी स्मार्ट है तुम्हारी दोस्त !

वीना : कॉलेज में भी बड़ी तेज थी। देख नहीं रहे थे कैसी चुस्त लग रही थी···, तीस की है···पर लगती है···

सुधीर : हूँ···, थोड़ी ज्यादा ही माडर्न है···

वीना : (हँसकर)···रहते-रहते ठीक लगने लगेगा···अभी छोटी जगह से आए हो न !

(दोनों हँसते हैं)

(दृश्य समाप्त)

(वीना गुनगुनाते हुए घर का काम कर रही है। घंटी बजती है। वीना दरवाजा खोलती है। वहाँ मीरा है)

वीना : (खुशी से) मीरा ! आओ ! आओ !···मैं कब से तुम्हारा इंतजार कर रही थी···

मीरा : सच ! वीना ! तुम्हें बहुत इंतजार करना पड़ा। आज आफिस से छुट्टी ले रखी है।···पहले ब्यूटी पार्लर गई···फिर तेरे पास आई हूँ···

वीना : तुम बैठो। मैं अभी चाय बनाकर लाती हूँ···

मीरा : चलो, मैं भी तुम्हारे साथ चलती हूँ···

वीना : (चाय बनाते हुए) अरी मीरा ! तुम तो ज्यों-की-त्यों धरी हो—दुबली-पतली···

मीरा : यों ही नहीं धरी, मेनटेन करना पड़ता है, महीने में दो बार ब्यूटी पार्लर जाती हूँ, एक्सरसाइज···डाइटिंग···सब करती हूँ···

वीना : अच्छा···चल ड्राइंग रूम में चलकर पीते हैं चाय···

(दोनों ड्राइंग रूम में आती हैं)

मीरा : वीना ! तुम क्यों इतनी लापरवाह होती जा रही हो, देखो तो कमर से कितनी मोटी हो रही है···और हेयर स्टाइल ! वही दस साल पुराना वाला···

वीना : अरे अब क्या फर्क पड़ता है···

मीरा : वाह, फर्क क्यों नहीं पड़ता···?(अर्थपूर्ण स्वर में) बहुत फर्क पड़ता

है वीना ! औरत का धन उसकी सुंदरता है···

वीना : मुझे तो लगता है औरत की असली सुंदरता मन की···

मीरा : ओह वीना ! छोड़ इन बातों को···जिंदगी के प्रति पॉजिटिव एप्रोच की जरूरत है···अपनी पहचान जरूरी है···(घड़ी देखते हुए) माय गॉड ! पाँच बज गये···चलूं फिर ! अच्छा सुनो ! परसों मेरा ऑफ डे है, मैं आकर तुम्हें ले जाऊँगी अपने घर, हम साथ ही लंच करेंगे···अच्छा···

(मीरा जाती है)

(घर के अंदर वीना एक पत्र देखती है, तभी सुधीर आता है···)

सुधीर : (प्यार से) वीना !···ये देखो···माँ का पत्र आया है···

वीना : पढ़ो न क्या लिखा है ?

(सुधीर पत्र पढ़ता है)

सुधीर : "बेटे सुधीर,

ल से कुशल जानना। पिछले महीने मैंने रुपये मँगवाये थे, तुमन भेजा नहीं। अपने बाबूजी का स्वभाव तुम जानते हो। बहुत बिगड़ जाते हैं, गुस्से में उनका ब्लड-प्रेशर हाई हो जाता है। तुम पत्र पाते ही रुपये भेज देना। सुनीत का अगले महीने एडमिशन फीस लगेगा। बहू से कहना किफायत से रहे। कुछ जोड़े। बिन्नी की शादी की चिंता दिन-रात खाए जाती है। बहू और दीपू को आशीर्वाद।

तुम्हारी अम्मा !"

वीना : ···सुधीर, इस दोतरफे खर्चे से कैसे काम चलेगा ! इतना तो हाथ रोककर खर्च करती हूँ, उस पर अम्माजी इस तरह लिखती हैं···। ये भी कोई जिंदगी हुई···

सुधीर : (प्यार से) वीना ! ये सब चलता है जिंदगी में···

वीना : यहाँ तो एक साड़ी खरीदने की इच्छा महीनों सरकती रहती है···मीरा कितनी अच्छी-अच्छी साड़ियां पहनती है, उसके सामने कम्पलेक्स हो जाता है मुझे···

सुधीर : बेकार इतनी-सी बात के लिए सेंसिटिव हो रही हो···अच्छा, एक कप चाय पिलाओ···दीपू कहाँ है ?

वीना : खेलने गया···

सुधीर : तुम चाय बनाओ मैं उसे लेकर आता हूँ···

(दृश्य समाप्त)

(मीरा वीना के घर आती है)

मीरा : हेलो वीना !

वीना : मीरा ! आओ, आओ···, यहाँ तो मैं किसी को जानती नहीं, बस तुम्हारा ही इंतज़ार रहता है···

मीरा : अरे तो लोगों से मिला-जुला करो···, इस तरह घर में बंद रहोगी तो केवल घरेलू समस्याओं से जूझती रह जाओगी···

वीना : हूँ···, तुम्हारी साड़ी बहुत सुंदर है।

मीरा : हाँ, आर्डर देकर बनवाया है, पाँच सौ की है···

वीना : (हल्के आश्चर्य से) पाँच सौ ! इतनी महँगी साड़ी !

मीरा : खुद कमाती हूँ इसलिए अपने मन का पहनती हूँ···

वीना : कैसे घर-बाहर दोनों सँभालती हो ?

मीरा : वीना ! व्यस्तताएँ दिलचस्प हों तो जिंदगी पूरे तौर पर दिलचस्प हो जाती है।···सुनो ! ऐसी साड़ी तुम्हें भी चाहिए, मैं दुकान···

वीना : अरे, मैं तेरी तरह तो नहीं कमाती···

मीरा : तो तुम क्यों नहीं कमाती ?···मेरी समझ में नहीं आता···ह्वाई आर यू वेस्टिंग योर टाइम एण्ड एनर्जी···तुम भी एम० ए० पास हो। यहाँ छोटे-मोटे बहुत काम मिल जाते हैं,···खुद नहीं कमाओगी वीना, तो एक-एक चीज़ के लिए तरस जाओगी···

वीना : बात तो तुम ठीक कहती हो···, सुधीर की कमाई तो न जाने कहाँ खर्च हो जाती है···

मीरा : वह तो मैं तुम्हारा घर देखकर ही समझ गई थी···तुम कोई काम करो···

वीना : मेरे साथ मुश्किल है। सुधीर मेरी नौकरी करना पसंद नहीं करेंगे···

मीरा : (हल्के आवेश के साथ) हमारी सारी व्यवस्था स्त्रियों का शोषण करती है। पत्नी को दबाकर रखने में पति के अहं को तुष्टि मिलती है।···सब प्रिज्यूडिस हैं···

वीना : क्या तुम्हारे पति भी नहीं चाहते कि तुम···

मीरा : (बीच में) नहीं, वे क्यों चाहेंगे···, घर में अच्छी-भली दासी है, क्यों आज़ाद करें उसे···, पर मैंने तो उनसे कह दिया···

वीना : मगर सुधीर वैसे नहीं हैं···

मीरा : वीना ! सब एक-से होते हैं।···अपने हक़ के लिए लड़ना पड़ता है। दूसरा नहीं आएगा तुम्हें मुक्त कराने···

वीना : (हारे हुए स्वर में) मैं तेरी तरह हिम्मत वाली कहाँ हूँ···, मुझमें इतना साहस कहाँ है···?

मीरा : वीना ! डोंट इंडलज इन सेल्फ पिटी !

वीना : मेरी नौकरी के लिए सुधीर कभी राजी न होंगे···

मीरा : वन शुड नॉट ऐक्सेप्ट डिफीट। जीत के संकल्प के साथ लड़ाई शुरू होती है। लड़ाई के पहले हार मानने वाला कभी नहीं जीत सकता···

वीना : पर मुझसे घर और दफ्तर का काम नहीं हो सकेगा···

मीरा : आज लाखों औरतें नौकरी कर रही हैं। नौकरी ने औरतों को आर्थिक आज़ादी ही नहीं, कुछ घंटों के लिए घर की घुटन से मुक्ति भी दी है···

वीना : तुमसे बातें कर ऐसा लग रहा है जैसे मैं किसी अज्ञात अंधकार से बाहर निकली हूँ, मीरा···

मीरा : घर की चार-दीवारी औरत को एक सीमा से बाँध देती है···

वीना : देख न ! मैं इसी सीमा को संपूर्ण संसार मानती रही मीरा !

मीरा : यह सीमा ही तो बंधन है। इस बंधन के खिलाफ औरतों को बगावत करनी होगी वीना !

वीना : वही तो, बगावत करने का साहस नहीं मुझमें···

मीरा : यह तुम्हारे दस साल के विवाहित जीवन की कुंठा है,···बी ए ब्रेव गर्ल। जिस चीज के प्रति स्त्रियों को विद्रोह करना चाहिए, उसे वे नज़रें झुकाकर स्वीकार कर लेती हैं।···यहाँ जो अनुचित है वही उचित की संज्ञा पाता है···। लेकिन आज पीड़ित स्त्री को आवाज़ उठानी होगी···

वीना : मीरा ! सुधीर तो बहुत अच्छे हैं। मैं उनसे विरोध को कैसे जस्टीफाई करूँगी···

मीरा : जस्टीफिकेशन देने की कोई जरूरत नहीं··, आदमी जस्टीफिकेशन वहीं देता है जहाँ उसके भीतर गिल्ट हो···

वीना : मीरा, मुझे डर लग रहा है···

मीरा : शुरू-शुरू में ऐसा सभी औरतों को लगता है···, देखना कुछ दिनों बाद तुम्हें लगेगा कि तुम्हारी भी कोई सामाजिक सार्थकता है···

वीना : मीरा ! मेरे लिए भी कोई नौकरी खोज दे न !

मीरा : अच्छा !···तो अपना बायोडेटा मुझे दे दो··, मैं जल्दी ही तुम्हारे लायक काम देखकर बताऊँगी···

(दृश्य समाप्त)

(कुछ दिनों बाद । मीरा वीना के घर आती है)

वीना : मीरा ! आज सुबह-सुबह···?

मीरा : ऑफिस जा रही थी। सोचा पहले तुम्हें गुड न्यूज देती जाऊँ···

वीना : गुड न्यूज ?

मीरा : ये ले अपना नियुक्ति-पत्र। यानी अपना एप्यांमेंट लेटर !

वीना : (खुशी से) सच !···मैंने तो सपने में भी नहीं सोचा था कि मुझे इतनी जल्दी नौकरी मिल जाएगी···

मीरा : तुम्हारे पति शायद इसके अंगेस्ट हों पर तुम उन्हें समझाना···कि घर की भलाई इसी में है···आखिर जीवन को सुखी बनाने के लिए पैसों की जरूरत होती है···

वीना : हूँ···, वो तो है···

मीरा : सात सौ तनखा है। शुरुआत के लिए बुरा नहीं है।···नौ से चार वर्किंग आवर्स हैं। नेक्स्ट मंथ की पहली तारीख को ज्वाइन करना है···तब तक सारी प्लानिंग कर लेना···

वीना : तुम्हारा यह अहसान जीवन-भर नहीं भूलूंगी···

मीरा : तुम भी हद करती हो वीना, मैं तुम्हारी सहेली हूँ···अच्छा अब चलती हूँ···आफिस का टाइम हो रहा है।

(दृश्य समाप्त)

(रात में सोने का समय है। सुधीर और वीना बिस्तर पर लेटे हैं। बीच में दीपू सोया है)

सुधीर : सो गया दीपू !···लाओ ज़रा पेपर बढ़ाओ···। दीपू जगा रहता है तो कुछ पढ़ने ही नहीं देता···, बहुत शैतान होता जा रहा है आजकल···(दीपू को चूमता है)

वीना : पेपर बाद में पढ़ना···, मुझे तुमसे कुछ कहना है···

सुधीर : क्या कहना है बेगम साहिबा को···(शरारत के स्वर में)···कोई खास बात ?

वीना : मजाक छोड़ो। मैं सीरियसली कह रही हूँ···

सुधीर : कहो भी तो···

वीना : मैंने एक गारमेंट कम्पनी में अप्लाई किया था नौकरी के लिए··· आज यह नियुक्ति-पत्र मिला है···

सुधीर : (चौंककर) क्या कह रही हो ? तुम नौकरी करोगी ?

वीना : (दृढ़तापूर्वक) हाँ।

सुधीर : सोचा है घर कौन सँभालेगा ? दीपू को कौन देखेगा···?

वीना : उसकी तुम फिकर मत करो। मैं सब सँभाल लूंगी···

सुधीर : लेकिन अप्लाई करने से पहले एक बार मुझसे तो पूछ लेतीं···

वीना : (एकदम से बिगड़ कर) मैं कोई दासी नहीं तुम्हारी कि हर काम तुमसे पूछकर करूँ···

सुधीर : (गुस्से में) सोचा है, तुम काम पर जाओगी तो अम्मा क्या कहेंगी···?

वीना : (बिगड़ कर) कोई क्या कहेगा, क्या सोचेगा, इससे मुझे कोई लेना-देना नहीं··· इतना ही दूसरे के सोच की परवाह है तो यह भी सोचा है कि लोग हमारी फटेहाली पर क्या सोचते हैं···?

सुधीर : (समझाते हुए) वीना ! समझने की कोशिश करो। गुस्से और चिड़चिड़ेपन से बात का बतंगड़ मत बनाओ···, तुम तो एक सहिष्णु औरत हो···

वीना : (गुस्से में) सहिष्णुता का मतलब दब्बूपन तो नहीं, कि दबते जाओ, सहते जाओ···

सुधीर : (आवेश में) तो क्या होता है सहिष्णुता का मतलब ?

वीना : शांत रहकर बुद्धि का उपयोग करना···

सुधीर : (बिगड़ कर) यह बुद्धि का उपयोग है ? तुम तो कलह कर रही हो···

वीना : ···सुधीर ! क्या मुझे यह हक़ नहीं कि अपनी जिंदगी के बारे में सोच सकूँ···

सुधीर : पर तुमसे नौकरी हो सकेगी ? नौकरी में स्पर्धा है, वहाँ दूसरों की जी-हजूरी करनी पड़ती है···

वीना : वह सब तो मुझे सोचना है, तुम क्यों परेशान हो रहे हो···सवाल मेरे फैसले का है···सात सौ की नौकरी यों ही नहीं छोड़ सकती···

सुधीर : (तंग आकर) पैसे के लिए तुम्हारी यह ज़िद···पारिवारिक जीवन को नर्क बनाने पर तुली है···

वीना : यह केवल पैसे की ज़िद नहीं सुधीर ! खा-पीकर सो जाने वाली सतही व्यवस्था के हाथों लुट जाना नहीं चाहती मैं···। यह मेरी चेतना का विस्तार है···

सुधीर : अच्छा-भला चल रहा है सब कुछ, यह बेकार का बखेड़ा···

वीना : अगर आदमी स्वतंत्र होकर नहीं जी सकता तो उसे जीने का कोई हक़ नहीं···

सुधीर : बंद करो बत्ती···बहुत रात हो गई···

वीना : (प्यार और पश्चात्ताप से)··· सुधीर···

(सुधीर चुप है)

वीना : नाराज़ हो गये···, तुम समझने की कोशिश करो···

सुधीर : अब सो जाओ वीना ! मुझे नींद आ रही है।

(दृश्य समाप्त)

(एक लंबे अंतराल के बाद)

(वीना घर और नौकरी के बीच अत्यधिक व्यस्त है)

वीना : (काम करते हुए) प्लीज़ ! एक मिनट रुको···अभी लाई तुम्हारा टिफीन···

सुधीर : क्यों परेशान हो रही हो, मैं खा लूंगा कैंटीन में···

वीना : कल भी वहीं खाया था, रोज़-रोज़···

सुधीर : नहीं, खाना ठीक देते हैं वहाँ···आजकल जल्दी-जल्दी में अक्सर तुम कच्चे पराठे डाल देती हो···अच्छा मैं जा रहा हूँ···मुझे देर हो रही है···

(सुधीर आफिस जाता है)

वीना : (स्वगत, झुंझलाकर)·· ये नहीं कि कुछ मदद करें···, ऊपर से रोब जमाते हैं···, क्या इनका फर्ज नहीं बनता कि···, चलूँ मुझे भी देर हो रही है···, दीपू का खाना मिसेज शर्मा को देना है···

(वीना श्रीमती शर्मा के घर पर जाकर बेल बजाती है, दरवाज़ा नहीं खुलता है)

वीना : (अधीर होकर) ओह ! मुझे देर हो रही है और मिसेज शर्मा दरवाज़ा ही नहीं खोल रही हैं···

(दोबारा बेल बजाती है)

श्रीमती शर्मा : (नाराज़ स्वर में)···आ रही हूँ बहन जी ! बड़ी जल्दी उतावली हो जाती हैं आप ! हम दरवाज़ा खोलने के लिए नहीं बैठे रहते···

वीना : दीपू का नाश्ता है इसमें···दरअसल मुझे देर हो रही है इसलिए···

श्रीमती शर्मा : आपको जल्दी है तो इसका मतलब यह नहीं कि आप दूसरे को परेशान करें···।

(श्रीमती शर्मा गुस्से में दरवाज़ा बन्द कर देती हैं)

(दृश्य समाप्त)

(वीना आफिस आती है। मैनेजर नाराज़ बैठा है।)

वीना : जी ! सर ! आपने बुलाया···?

मैनेजर : वीना जी ! यह समय है आने का···, घड़ी देखिए···दस बज रहे हैं···

वीना : जी ! ऐसा है···

मैनेजर : ···वीना जी ! आप काम नहीं करेंगी तो मैं मैनेजमेंट को क्या जवाब दूंगा···? अच्छा ! एक लेटर लिखकर लाइए···फिटवेल गारमेन्ट्स को···, आपके आर्डर के कपड़े तैयार हैं, किस तारीख को पार्सल भेजा जाए···, देखिए जरा ठीक से लिखिएगा···बहुत रेप्यूटेड फर्म है···

वीना : जी सर ! अभी लाई···

(वीना अपनी सीट पर आती है। पत्र लिखने की कोशिश करती है)

वीना : **(उलझन में, स्वगत)**···यही तो मुश्किल है···एप्लीकेशन लिखना तो स्कूल में सीखा था···कैसे शुरू करें···डीयर सर···नहीं··· रेसपेक्टेड सर···हूँ···एज यू विश्ड···योर आर्डर इज···।···आज घर जाकर सुधीर से कहूंगी हाउ टू राइट लेटर्स एण्ड एप्लीकेशन पर एक किताब ला दे···

वीना : ···हूं···अब देकर आऊँ···

(वीना मैनेजर के पास जाती है)

वीना : सर !···ये लेटर···

मैनेजर : **(पढ़ते हुए)** ये लिखा है ?···रबिश ! एक लेटर तक तो लिखना आता नहीं···

वीना : **(घबरा कर)** जी···मैंने तो···

मैनेजर : पता नहीं किस काबिल हैं आप···, छोड़िए, मैं खुद ही लिख दूंगा···। अब जाइए···जो शर्टस् तैयार हो गए हैं, उन पर एक-एक बटन टाँकिए···फिर हजारीमल एण्ड सन्स के यहाँ से कपड़ों का थान लाना है।···उनका नाप ठीक से लेकर फिर यहाँ स्टोर में एंट्री करना है···और हाँ···तैयार जाने वाले स्टोर को पूरी तरह से चेक करना है, किसी में कोई कमी न रह जाए···

वीना : ···जी···जी अच्छा !···

(दृश्य समाप्त)

(वीना घर पर काम करते हुए सुधीर से बात कर रही है)

वीना : सुधीर !·· मुझे अपने दफ्तर के मैनेजर की शक्ल से चिढ़ होती है·· वह छोटी-छोटी बात पर इन्सल्ट कर देता है, समझता ही

नहीं कि हमारा भी कोई रेसपेक्ट है···

सुधीर : हूँ···, दफ्तर में ऐसे ही लोग होते हैं···

वीना : सुधीर ! मुझे एप्लिकेशन राइटिंग पर एक किताब ला दो न।

सुधीर : अब किताब से सीखोगी ?···किताब पढ़कर काम नहीं होता··· खुद को डेवेलप करो···अच्छा खाना लगाओ···

वीना : ···सब तैयार है बस रोटी बनानी है···

(वीना रसोई में आटा निकालने जाती है। पर डब्बे में आटा नहीं है।)

वीना : ···ऐं आटा खतम ! आटा तो सुबह ही खतम हो गया था···याद ही नहीं रहा··· (सुधीर के पास आकर)···सुनते हो, आटा नहीं है घर में···

सुधीर : (हल्के गुस्से से) तो मैं क्या करूं ?

वीना : (बिगड़ कर) तो जाकर ला नहीं सकते ? क्या घर चलाने की जिम्मेदारी केवल मेरी है ?···हर तरह से तुम्हारा ख्याल रखती हूँ···, सब खुद करती हूँ कि कहीं तुम नाराज न हो जाओ···पर तुम हो कि···

सुधीर : (चिढ़कर) मेरी चिंता छोड़ो। दीपू को सँभालो। सभी सब्जेक्ट्स में नम्बर कम आए हैं उसके···

वीना : अजीब होते जा रहे हो तुम आजकल ! कब किस बात का बुरा मान जाओगे पता नहीं चलता···

सुधीर : प्लीज शोर मत करो। लाओ बैग, आटा ले आऊँ···

(सुधीर जाता है)

वीना : हे भगवान ! ऑफिस में इतना काम ! उस पर घर का ऐसा माहौल···

दीपू : मम्मी ! कब से यह फोटो वाली किताब लाकर रखी है···अभी पढ़कर सुनाओ···

वीना : हटो अभी, बाद में सुनाऊँगी···

दीपू : (जिद के स्वर में) नहीं···रोज कहती हो बाद में सुनाऊँगी··· फिर सुनाती नहीं हो···, सुनाओ, अभी सुनाओ···

वीना : (डाँट कर) दीपू, चुपचाप बैठकर देखो अपने आप।

दीपू : (जिद कर) नहीं, तुम सुनाओ···

वीना : करेगा बदमाशी ! (वीना तड़ाक से एक चाँटा दीपू को मारती है। दीपू रोने लगता है।)

वीना : (स्वगत, पश्चात्ताप के स्वर में) हे ईश्वर ! ये मुझे क्या हो गया है ! कैसी दुधारी तलवार लटक रही है इस घर में !···जिस घर में लड़ाई या मन-मुटाव की छाया नहीं दिखाई देती थी···वहाँ अब केवल अशांति ही अशांति है।

(फ्लैश बैक समाप्त)

(वीणा बैठी सोच रही है)

वीना : (स्वगत)···अपनी ही मान्यता के बीच खोखला होना कितना तोड़ता है···, सुधीर और दीपू के लिए सदा सतर्क और समर्पित रहने वाला मन कितना उत्साहहीन हो गया···, वह प्रफुल्लित मन जैसे वहीं वीरगंज में छूट गया···इन नौ-दस महीने की नौकरी में कुछ चीजें खरीद लीं पर इस दौड़ती-भागती जिंदगी में उनके होने न होने से क्या फर्क पड़ता है···! इस आधुनिकता ने मुझे कितना भरमाया···यह शहर नहीं···एक जंगल है···जहाँ आग लगी हुई है···हवस की आग···और वह फैलती जा रही है, दावानल की तरह···अब मैं जान गई हूँ सुख समर्पण में है, अधिकार में नहीं··· अधिकार भाव आने पर दाम्पत्य में माधुर्य नहीं रह जाता···मेरे भले के लिए तो सुधीर ने नौकरी करने से मना किया था···वह जीवन अभावग्रस्त जरूर था पर भीतर ही भीतर कहीं सुंदर और सुखद था···तो, तो···क्या···त्याग-पत्र दे दूँ···! मेरा सुख वापस मिल जाएगा···दीपू को मिसेज शर्मा के पास नहीं रहना पड़ेगा···, सुधीर को भूखा दफ्तर नहीं जाना पड़ेगा···मैनेजर से बार-बार अपमानित नहीं होना पड़ेगा···(वीना त्याग-पत्र लिखती है)

वीना : ···हूँ···ये रहा मेरा त्याग-पत्र।···मैं आह ! मैं बिलकुल भार-हीन हो गयी···आकाश के पंछी की तरह···आकाश में ऊपर ही ऊपर उड़ने वाली···इस दावानल से ऊपर···बहुत ऊपर··· उसके ताप से बहुत दूर···आज बाप-बेटे का मनपसंद खाना बनाऊँगी···दीपू के लिए बेसन के लड्डू···सुधीर के लिए वेजिटेबल कटलेट्स···

(हल्के और प्रसन्न मन से गीत गुनगुनाती है।) स्कूल से दीपू आता है।)

दीपू : (खुश होकर)···मम्मी ! तुम आफिस नहीं गईं ?···मम्मी ! अब आफिस मत जाना···रोज घर पर रहना···

वीना : (बहुत प्यार से) अब नहीं जाऊँगी बेटे···, कभी नहीं मेरे लाल !! मेरे प्राण !···आ देख तेरे लिए क्या बनाया है !···

दीपू : लड्डू···!

वीना : जाओ हाथ-मुँह धोकर आओ···खाना खा लो फिर तुम्हें आज वह फोटो वाली किताब पढ़कर सुनाऊँगी···तुम अपना होमवर्क कर लो, पापा आएँगे तो घूमने चलेंगे ··

दीपू : अच्छा···।

वीना : (स्वगत) सुख छीन-झपट कर नहीं मिलता···सुख धीमे से आता है···दबे पाँव···किसी अनजान रास्ते से···सुधीर आते ही होंगे···। सुधीर को मुझ पर हरा रंग अच्छा लगता है···हरी साड़ी पहनती हूँ···और जूड़े में फूलों का गजरा···

(सुधीर आफिस से आता है)

दीपू : (खुशी से) पापा !···पापा !

सुधीर : (प्यार से) दीपू ! मेरा राजा बेटा ! ओ हो !···दीपू ! आज तो तुम्हारी मम्मी बड़ी सुंदर लग रही हैं···

(सुधीर वीना के करीब आता है)

वीना : ···अरे-रे ये क्या कर रहे हो ?

दीपू : पापा ! मम्मी ने आपके लिए कटलेट बनाई है···

सुधीर : अरे वाह ! आज की तो हर बात निराली है···लाओ···लाओ···।

वीना : ···बैठो ! मैं अभी चाय भी बनाकर लाती हूँ···

(वीना जाती है)

दीपू : पापा ! मैंने अपना होमवर्क कर लिया। कल मेरे मैथ्स का टेस्ट है···

सुधीर : (पुकार कर) वीना ! लाओ भई ! बेसब्री से इन्तज़ार कर रहा हूँ···

वीना : (आते हुए)···आई···लो···।

सुधीर : चटनी नहीं बनाई ?

दीपू : बनायी है···

सुधीर : (खाते हुए) मजा आ गया···बहुत अच्छा बना है। इधर रोज एक तरह का खाना खाते-खाते अच्छे टेस्ट का स्वाद ही भूल गया था···।

वीना : (प्यार से) क्या बराबर चाहिए ऐसा नाश्ता ?

सुधीर : रोज-रोज कैसे संभव होगा ?

वीना : हो सकता है···

सुधीर : कैसे ?

(वीना त्याग-पत्र लाती है)

वीना : (त्याग-पत्र देते हुए)…लो, पढ़ लो, यह मेरा त्याग-पत्र है…, मैं नौकरी छोड़ रही हूँ…

सुधीर : (चौंक कर)…क्या ? तुम नौकरी छोड़ना चाहती हो…?

वीना : हाँ सुधीर ! तुम ठीक कहते थे…, नौकरी मुझ से नहीं होती…, मैंने तुम्हारी बात मान ली…

सुधीर : (गंभीर स्वर में) नहीं वीना, ऐसा मत करो…

वीना : क्या कह रहे हो ?…नौकरी मुझ से नहीं होती…तब मेरा दिल हिकारत और अफसोस से ऐसा बौरा गया था कि मुझे लगा कि मैं भी कुछ करूँ…लेकिन वह एक जोश था, उफान था…, अब लगता है मुझे नहीं चाहिए रुपया…

सुधीर : (बहुत गंभीर स्वर में)…पर रुपयों की जरूरत है वीना !

वीना : क्या…?

सुधीर : पहले मुझे मालूम नहीं था कि तुम घर और दफ्तर संभाल सकोगी…इसलिए मना किया था…, और एक बार नौकरी छोड़ने के बाद…नौकरी मिलती कहाँ है ? इसीलिए…

वीना : (दुःख और अविश्वास से) नहीं…, नहीं…सुधीर ! मुझे नौकरी के लिए मत कहो…मैं…

सुधीर : (समझाते हुए) ऐसा है वीना ! तुम्हारी तनख्वाह के भरोसे मैंने अम्मा को लिख दिया कि उन्हें हर महीने दो सौ रुपये भेज दूंगा। …और फिर स्कूटर भी बुक किया है…, वह भी आने वाला है…उसकी भी डेढ़ सौ किस्त कटेगी ही…, समझने की कोशिश करो वीना…

(वीना चुप है)

सुधीर : वीना !…उधर खिड़की के बाहर क्या देख रही हो…?

वीना : देखो ! एक उड़ते हुए पंछी के पर कट गए हैं…वह जंगल की आग की तरफ गिरा जा रहा है…बड़ी तेजी से…

सुधीर : क्या कह रही हो…? कहाँ है पंछी ? किस के पर कट गए…? कैसी जंगल की आग…?

प्यार

पात्र-परिचय

विनोद : एक अफसर, सुलझा हुआ व्यक्ति
नन्दिता : विनोद की पत्नी
रोहित, मोहित : नन्दिता और विनोद के बेटे
बचपन में : 7 वर्ष, 5 वर्ष
बड़े होकर : 23 वर्ष,
21 वर्ष
प्रिया : विनोद और नन्दिता की गोद ली हुई लड़की, लगभग 16-17 वर्ष की
हरिहर : नन्दिता के घर का नौकर
सुखदेव : नन्दिता के घर पर काम करने वाला एक कर्मचारी
कमलो : सुखदेव की पत्नी

(एक उच्च मध्यम वर्गीय घर का परिवेश)
(नन्दिता मानो अल्बम देख रही है।)

नन्दिता : (स्वगत) रोहित, मोहित और प्रिया के बचपन से लेकर अब तक के चित्रों से ये अल्बम भरी है…ये…ये तस्वीर अभी पिछली गर्मी की छुट्टियों की ही तो है…प्रिया टेनिस के अभ्यास के लिए गई थी, उसके लौटने में देर हो गई थी, और मैं परेशान थी…आते ही मुझ से बोली…

(फ्लैश बैक)

प्रिया : (प्यार-भरे अधिकार से) माँ, तुमने राधिका के यहाँ फोन किया था ?

नन्दिता : हाँ, किया था···

प्रिया : और शबाना के यहाँ भी ?

नन्दिता : हाँ।

प्रिया : क्यों ?

रोहित : अब इस सिरफिरी लड़की को कौन समझाए कि लड़की देर तक घर नहीं लौटती तो घबराहट होती ही है···

प्रिया : बहुत चिंता करती हो माँ तुम···तुमने शायद कुछ खाया भी नहीं है ?···अभी तुम्हारे लिए चाय और सैंडविच बनाकर लाती हूँ···

(अंदर से मोहित आते हुए कहता है)

मोहित : चाय बाद में बनाना, पहले···

प्रिया : (बीच ही में) क्यों, आपका कुछ खो गया है क्या ?

मोहित : हाँ, तुम्हें कैसे पता चला ?

प्रिया : (हँस कर) आपका चेहरा देखकर। आप कुछ कहें इससे पहले मैं जान जाती हूँ कि आपको क्या चाहिए ? बताइए कौन-सी किताब नहीं मिल रही है ?

मोहित : थर्मोडायनामिक्स की···चलो, पहले उसे खोज दो···

प्रिया : इन्हें तो एक बहन सिर्फ इनकी कॉपी-किताब खोजने के लिए चाहिए··· मैं न रहूँ तो···

मोहित : क्यों ? तुम रहोगी क्यों नहीं ?

रोहित : क्यों ? इसकी शादी हो जाएगी तो ये ससुराल नहीं जाएगी क्या ?

प्रिया : मुझे नहीं करनी शादी, मैं बराबर माँ के पास रहूँगी, है न माँ ?

रोहित : माँ इसकी सहेलियों की, कॉलेज की बातें सुनती हैं, ये लेक्चरर्स की नकलें उतारती है तो हँसती हैं···अब ये बोर करने वाली बातें माँ को छोड़कर भला सुनेगा कौन ?

नन्दिता : (प्यार जताते हुए) प्रिया के बगैर जीने की मैं कल्पना भी नहीं कर सकती···

मोहित : (अधीर होकर) प्रिया, चलो मेरी किताब खोजो···

(फ्लैश बैक समाप्त)

(बाहर बादल गरजने की आवाज, दूसरे कमरे से विनोदकांत आता है।)

विनोद : नन्दिता ! तुम यहाँ बैठी अल्बम देख रही हो···

नन्दिता : ···आं···हां···बच्चे देखते-देखते बड़े हो गये···

विनोद : हूँ···

(बहुत जोर से गरजने-बरसने की आवाज)

विनोद : क्या सोच रही हो ?

नन्दिता : मुझे तो चिंता हो रही है···

विनोद : क्यों ? तुम्हें बरसात अच्छी लगती है···बारिश के प्रति···एक खास तरह का मोह तुम्हारे मन में हमेशा रहा है···

नन्दिता : मुझे प्रिया की चिंता हो रही है, देखो तो कैसा धुआँधार बरस रहा है···उसका कॉलेज भी तो शहर के दूसरे छोर पर है···

विनोद : रेन कोट ले गई है न ?

नन्दिता : ओफ्फ हो ! ये बरसात क्या रेनकोट के बस की है। पूरी भीग जाएगी···

विनोद : तो घर आकर बदल लेगी···

नन्दिता : कमाल करते हो तुम···

विनोद : पानी ही बरस रहा है न ?

नन्दिता : तुम उसे जाकर ला नहीं सकते···

विनोद : ला सकता हूँ···(उठते हुए) अच्छा तो···मैं प्रिया को लेने चला···

(विनोद घर के बाहर निकलता है। कार स्टार्ट होती है, फिर गेट के बाहर निकल जाती है।)

नन्दिता : (स्वगत, सोचते हुए) उस दिन भी ऐसी ही मुसलाधार बारिश हो रही थी···हम सब सुलतानगंज में थे···कैसी थी वह मोहाविष्ट यात्रा···ऐसा कुछ अनाम था जो बरबस मुझे खींचे जा रहा था और मैं पगहे में बँधी गाय की तरह चली जा रही थी···

(फ्लैश बैक)

(एक घर के सामने स्कूल बस रुकती है। उसमें से दो बच्चे रोहित और मोहित उतरते हैं।)

हरिहर : आ गये भइया इसकूल से ?

मोहित : माँ है ?

हरिहर : ना, वो कलब गई हैं···चलो अंदर चलो···

रोहित : नहीं, क्या करेंगे अंदर जाकर, माँ तो है नहीं···

हरिहर : चलो।

मोहित : मन करता है जोर-जोर से रोने लगूँ।

हरिहर : चलो, चल के खाय लो नहीं तो···

(एक कार रुकने की आवाज)

हरिहर : लो, ये आ गईं आपकी माँ···

(नन्दिता कार का दरवाजा बंद करते हुए)

नन्दिता : तुम लोग बाहर क्यों खड़े हो रोहित-मोहित ? अंदर चलो···

(नन्दिता के पीछे-पीछे हरिहर और बच्चे अंदर आते हैं।)

नन्दिता : (आदेशात्मक स्वर में) जूते-मोजे खोलो ···जाओ जाकर मुंह-हाथ धो लो···(हरिहर से) हरिहर !

हरिहर : जी मेम साब !

नन्दिता : सुखदेव सफाई करने आया था ?

हरिहर : सुखदेव नहीं, उसकी महरिया कमली आई थी···

नन्दिता : जाओ इनका खाना लगाओ···मोहित ! ये तुमने हाथ धोये हैं ?··· देखो कुहनी कितनी गंदी है···

मोहित : रहने दो न माँ।

रोहित : माँ ! आज टेस्ट में मुझे 'बी' ग्रेड मिला···

नन्दिता : क्यों ? पिछली बार तो 'ए' ग्रेड मिला था···

मोहित : माँ ! आज मेरे क्लास में पूजा नाम की एक लड़की का एडमिशन हुआ है। जब टीचर ने यूनीफार्म में आने के लिए कहा तो वह रोने लगी···

(इसी समय फोन की घंटी बजती है)

हरिहर : मेम साब ! सबरवाल मेम साब का फोन है।

नन्दिता : (फोन पर) हलो ! मिसेज सबरवाल ! हाँ, हाँ, कल की मीटिंग की सारी तैयारी पूरी हो गई···सारी सूचनाएँ मिसेज तनेजा के के पास भेज दी हैं···हाँ, घंटे-भर के लिए हम सब झोंपड़पट्टी गए थे···उन्हें सफाई और प्रौढ़ शिक्षा का इंपोर्टेंस बताया··· फिर···(हँस कर) थोड़ी देर पपलु खेल लिये···हाँ मैं समय से आ जाऊँगी···ओ०के०···

(नन्दिता बात खत्म कर फोन रखती है।)

मोहित : (मानो कहने के लिए अधीर हो) माँ ! पूजा ने मुझ से होमवर्क की कॉपी माँगी है, क्या करूं ?

नन्दिता : उसे होमवर्क की कॉपी जरूर दे देना···अब जाओ, जाकर खाना खा लो···

(दृश्य समाप्त)

(रात का समय है। विनोद और नन्दिता बिस्तर पर लेटे हैं।)

नन्दिता : झोंपड़पट्टी की औरतों को समझाते-समझाते दिमाग खाली हो जाता है···

विनोद : तो क्यों गई थीं ?

नन्दिता : सोशल वर्क करने से अलग पहचान बनती है। मिसेज सबरवाल इतने बड़े व्यापारी की पत्नी हैं···पर समाज सेवा करती हैं। सोशल वर्क करने से हैसियत बनती है···

विनोद : समाज सेवा हैसियत के लिए नहीं, आंतरिक प्रेम और करुणा से प्रेरित होनी चाहिए···

नन्दिता : मुझे लगता है मुझे कुछ ऐसा करना चाहिए जो सबसे अलग हो। दूसरों की नजरों में विशिष्ट बनने की चाह है मुझमें···घर में बेकार बैठना मुझे पसंद नहीं···

विनोद : क्यों, तुम्हारे भीतर इस जिंदगी के प्रति एक सहज स्वीकृति का अभाव है ? नन्दिता ! घर में दो छोटे-छोटे बच्चों के होते तुम बेकार कैसे हो सकती हो ? मैं समझता हूँ कि जो औरत पत्नी और माँ की भूमिका अच्छी तरह निभा रही है वह अपने-आप में एक बहुत बड़ा काम कर रही है···

नन्दिता : (विरोध के स्वर में) हाँ, औरत को दबाये रखो···

विनोद : जब मैं स्त्री के लिए एक गृहिणी की बात कहता हूँ तो उसका मतलब जागृत स्त्री द्वारा चुनी गई रचनात्मक और सार्थक भूमिका से है···

नन्दिता : मतलब ?

विनोद : मेरा मतलब जागृत स्त्री द्वारा चुनी गई रचनात्मक और सार्थक भूमिका से है···

(बगल के कमरे से मोहित उठकर इनके पास आता है)

मोहित : पापा ! हरिहर कहता है चुड़ैल बहुत भयानक शकल वाली होती है और उसके पैर भी मुड़े हुए होते हैं···

नन्दिता : (नाराज होकर) हरिहर इन्हें क्या उल्टी-सीधी बातें सुनाता है···मोहित ! तुम लोग उससे ये सब बातें मत किया करो···

विनोद : अब इन्हें कैसे पता कि कौन-सी बात कहनी चाहिए और कौन-सी नहीं···

नन्दिता : तुम कहना क्या चाहते हो ?

विनोद : यही कि बच्चे घर से संस्कार लेते हैं।

(रोहित आता है)

रोहित : माँ ! परसों मेरा मैथ्स का टेस्ट है, कल तुम···

नन्दिता : रोहित, कल तो हम लोग विलेज विजीट पर जा रहे हैं···लौटने में देर हो जाएगी···

विनोद : नन्दिता, तुम···

नन्दिता : (हल्के आवेश में) सुनो ! मेरी सार्थकता एक अफसर की बीवी बन कर रह जाने भर में तो नहीं है···अपनी अभिव्यक्ति के लिए मुझे कुछ चाहिए तो···

विनोद : रोहित ! कल मैं तुम्हें पढ़ा दूंगा···

नन्दिता : (सोचते हुए) नाऊ लेट मी डू माई एक्सपेरिमेंट !

(अपने बिस्तर पर रोहित और मोहित)

मोहित : (भोलेपन से) भइया ! एक्सपेरिमेंट क्या होता है ?

रोहित : (बड़प्पन से) वो तो टेंथ क्लास वाले करते है स्कूल में···

मोहित : कल स्कूल में देखूंगा···

रोहित : छोटी क्लास वालों को लैब में घुसने नहीं देते···

मोहित : तुम को भी नहीं···?

रोहित : (सोचते हुए) लेकिन माँ एक्सपेरिमेंट क्यों करना चाहती है ?

(इधर विनोद और नन्दिता)

नन्दिता : अपने इरादे की बड़ी पक्की हूँ मैं···

विनोद : अच्छा, अपनी ये बुद्धिजीवी बातें बंद करो, और इधर आओ··· मुझे नींद आ रही है।

(विनोद बत्ती बुझा देता है)

(दृश्य समाप्त)

(लगभग 4-5 बजे शाम का समय है। नन्दिता घर के कुछ काम करते हुए गुनगुनाती है। सारी सफाई कर कमली आती है, उसके साथ मानो उसकी 5-6 वर्ष की बच्ची धन्नी भी है।)

नन्दिता : कमली, सारी सफाई कर दी ?

कमली : जी मीम साब !···सबतर कर दिया।

(कमली के बढ़े हुए पेट को देखकर)

नन्दिता : अरे···कमली ! मैंने तो आज ध्यान दिया···(अर्थपूर्ण स्वर में) कितने दिन से···?

कमली : सातवाँ महीना चल रहा है···

नन्दिता : अभी तेरा छुटका तो बहुत छोटा है···(स्वर बदल कर, प्यार से) कुछ खाने का जी हो रहा है ?

कमली : नहीं···कुछ भी नहीं···(ठंडी सास लेकर) अच्छा हुआ पेट पथरा गया, भूख-पियास कम लगेगी···

नन्दिता : किसी डाक्टर को दिखाया ?

कमली : नहीं, हमें क्या हुआ है ? थोड़ी-सी कमज़ोरी किसे नहीं होती ?

नन्दिता : नहीं, तुम दिखाओ···ऐसे समय में···

कमली : (बीच ही में) बस ऐसेइ ठँरी हमरी जिंदगानी, सब भगवान भरोसे है, जीवन भी, मरण भी···

(कमली की बेटी मानो माँ के कान में कुछ कह रही है)

कमली : दिक न कर धन्नी !

नन्दिता : तुम्हारे कान में ये तुम्हारी बेटी क्या कह रही है···?

कमली : जे कह रही है, आप हमरे झोंपड़पट्टी में आये थे···तो उसने आपको देखा था···

नन्दिता : हाँ, मैंने भी इसे देखा था···वही घर है तुम्हारा ?

कमली : हाँ, वही छापर-टापर हमारा है···(क्षण-भर ठहर कर याचना के स्वर में) मीम साब ! दु रुपैया दोगी ? नोन के लिए पैसा नहीं है। बिना नोन के इसके बाप का कौर गले से नीचे नहीं धँसता···

नन्दिता : अभी लाई···

(नन्दिता मानो अंदर जाती है। अंदर से अलमारी खोलकर रुपये, एकाध पुराने कपड़े और खिलौने लेकर आती है)

नन्दिता : ये लो रुपये·····ये खिलौने और कपड़े तुम्हारे बच्चों के लिए···

कमली : (कृतज्ञ भाव से) नौंस्कार मीम साब···मैं चली···चल धन्नी, छुटका उठ !···

(कमली बच्चों के साथ चली जाती है)

(नन्दिता बच्चों को आवाज़ लगाती घर के बाहर आती है)

नन्दिता : रोहित···मोहित···!

रोहित : (खेलते हुए) माँ ! यहाँ आओ···जरा बालिंग करो तो···

नन्दिता : नहीं, अभी नहीं, चलो पढ़ने चलो···

रोहित : (जैसे पढ़ने का मन न हो) माँ···प्लीज़···!

नन्दिता : नहीं, अभी चलो, बाद में मुझे टाइम नहीं मिलेगा'''चलो रोहित'''

(नन्दिता अंदर आकर रोहित और मोहित को पढ़ाती है)

नन्दिता : हूँ, पढ़ो'''

मोहित : (जोड़ जोड़ कर पढ़ता है) अ ध या प क अ न्द र आ ये'''

नन्दिता : अधयापक नहीं, अध्यापक।

मोहित : अध्यापक।

नन्दिता : हूँ'''

मोहित : उन्होंने बताया कि पृ पि पृ थ वी गोल है'''

(इसी समय विनोद आफिस से लौटता है।)

विनोद : नन्दिता'''!

नन्दिता : ओह आ गये तुम आफिस से ?

विनोद : हाँ, पर इस समय बच्चों को क्यों पढ़ा रही हो? मेरी दादी हम सब को गोधूली बेला में कभी नहीं पढ़ने देती थीं'''कहती थीं इससे आँखों पर जोर पड़ता है''' आज शाम की ताजी हवा में खेलने दो इन्हें'''

(दोनों बच्चे खेलने भाग जाते हैं।)

नन्दिता : मुझे दूसरा टाइम सूट नहीं करता'''

(वहाँ रखी मोहित की एक कॉपी उठाकर)

विनोद : मोहित की कॉपी में कहीं अनटाइडी लिखा है, कंही इनकंप्लीट ! '''ये रोहित का प्रोग्रेस रिपोर्ट है'''दस में से सात सब्जेक्ट्स् में केवल पास हुआ है'''इसे आठ का पहाड़ा ठीक से याद नहीं'''

नन्दिता : इन्हें टैकिल करना आसान है क्या ?

विनोद : तुम इन्हें पढ़ाने के लिए रोज एक घंटा समय नहीं निकाल सकतीं क्या ?'''कल इनकी छुट्टी है'''तुम इन्हें दिन में बैठकर सारा मैथ्स करवा'''

नन्दिता : कल मिसेज तनेजा के यहाँ किटी पार्टी है'''

विनोद : (खिन्न होकर) वहाँ जाना जरूरी है क्या ?

नन्दिता : (तमक कर) देखो विनोद ! मुझे कोई पजेस नहीं कर सकता, मैं किसी की पजेशन नहीं हूँ।'''हम आधुनिक समाज के एक हिस्सा हैं'''दस लोगों के बीच मूव करना है तो'''

विनोद : तुम समझती क्यों नहीं ? तुम्हारा प्यार बच्चों के अंदर आत्म-विश्वास पैदा करेगा'''

नन्दिता : (बिगड़ कर) जब भी औरत घर से बाहर निकलकर जीने की कोशिश करती है तो बहुत शोर होता है, आलोचना होती है, औरत…

विनोद : (हल्का गुस्सा विनोद को भी आता है) देखो ! इस वक्त 'विमेंस लिब' और 'मेल शोविनिज़्म' पर लेक्चर नहीं सुनना मुझे…

नन्दिता : अजीब बात है, एक ओर तो मैं तुम्हारे सम्मान के लिए काम करती हूँ, दूसरी ओर उसी के लिए डाँट खाती हूँ…

(दृश्य समाप्त)

(कुछ दिनों के बाद । नन्दिता बाहर से लौटती है । बाहर हरिहर मिलता है)

नन्दिता : हरिहर ! साहब आ गये…

हरिहर : जी ! साहब आ गये…

(अंदर जाकर नन्दिता देखती है कि विनोद बच्चों को पढ़ा रहा है । "एट प्लस फोर—टवेलभ…")

नन्दिता : (हल्की तल्खी से) आज तुम बहुत जल्दी आ गये ?

विनोद : हाँ ।

नन्दिता : क्यों ?

विनोद : अपने घर जल्दी आना गुनाह है क्या ?

नन्दिता : लेकिन मुझे तो गुनहगार बना रहे हो तुम…

विनोद : तुम नहीं समझोगी… मेरी माँ का साया सिर पर नहीं था इसलिए जानता हूँ कि माँ के बिना बच्चे…

(एकाएक नन्दिता बहुत आवेश में आ जाती है, बीच में ही बोल पड़ती है ।)

नन्दिता : बच्चे ! बच्चे ! बच्चे ! जब देखो बच्चे की बात उठायेंगे…क्या मुझे कोई ममता नहीं ? आज इतनी औरतें नौकरी कर रही हैं…; उनके बच्चे…(ठहर कर, स्वर का आवेश कम हो जाता है) मैंने भइया को लिख दिया था, वे इनका होस्टल में इन्तज़ाम कर दिये हैं…

विनोद : इनको होस्टल भेजोगी ?

नन्दिता : इतने लोगों के बच्चे होस्टल में हैं, सभी मूर्ख तो नहीं…फिर ये रोज़-रोज़ के तबादले से, अच्छा है ये होस्टल रहें…

(बच्चों को डाँटते हुए नन्दिता कमरे से बाहर निकलती है ।)

नन्दिता : सारे कमरे का कबाड़ बना देते हो तुम लोग···घर में डिसिप्लिन नहीं सीख सकते···

(गुस्से में नन्दिता आंगन में आती है। आँगन में उसे सुखदेव दिखाई देता है, वही गुस्सा वह सुखदेव पर उतारती है।)

नन्दिता : **(गुस्से में)** सुखदेख ! दस दिन हो गए। सफाई के लिए न तुम आये न कमली ··मैंने तो रखने से पहले ही कह दिया था कि मुझे नागा पसंद नहीं ··

(सुखदेव सूं-सूं कर रोने लगा)

नन्दिता : क्या हुआ ?

सुखदेव : **(रोते-रोते)** हमरी घराली जचकी में जाती रही···

नन्दिता : **(दुःख और आश्चर्य से)** क्या···? कमली नहीं रही···कैसे···?

सुखदेव : **(रो-रो कर)** बच्ची को जलम दिया···फेर जाने क्या हुआ··· दाई ने आ के कहा·· खतम हो गई···अंदर गया तो देखा निढाल पड़ी थी···बेजान···ठंडी···

(नन्दिता के समझ में नहीं आ रहा है कि सुखदेव को किस तरह सांत्वना दे)

सुखदेव : इकेला होता तो सारा दरद चुप करके गटक जाता··पर इन बच्चों की सोच ने मेरी नींद छीन ली है···कैसे पार पड़ेगा अब··· ऊपर से ये धिया जात की ठठरी···

नन्दिता : **(धीरे से)** कैसी है बच्ची ?

सुखदेव : मेरे लिए तो वह मर चुकी,···उसको तो नोन चटा देंगे···

नन्दिता : **(तड़प कर)** नहीं···नहीं···

सुखदेव : वो तो मर गई··· मेरी जिनगी तबाह कर गई ··

(रोता-रोता लौट जाता है।)

(नन्दिता दुःखी बैठी है। विनोद उसे पुकारते हुए आता है।)

विनोद : नन्दिता···नन्दिता ··

नन्दिता : विनोद ! सुखदेव की बीबी कमली मर गई···

विनोद : **(दुःखी होकर)** ओह ! कैसे ?

नन्दिता : **(दुःखी स्वर में)** बच्ची पैदा करते मर गई···न अस्पताल, न डाक्टर···मेरी आँखों के आगे से उसका सुंदर चेहरा नहीं हट रहा···उसके बच्चे धूल में सने रहते हैं पर बड़े लुभावने लगते हैं···तीन छोटे-छोटे बच्चे और कोई सहारा नहीं···

विनोद : हमारे समाजिक नियम ऐसे रूढ़ हैं नन्दिता, कि हम केवल दूसरों का दुःख देखकर ही रह जाते हैं। कुछ कर नहीं पाते···

(दृश्य समाप्त)

(एक लंबे अंतराल के बाद। नन्दिता बैठी सोच रही है। बाहर से विनोद आता है।)

विनोद : बेटों को होस्टल छोड़ आईं और यहाँ बैठी ऊब रही हो···

नन्दिता : अँ··· नहीं··· ये तो पहले से तय था···

विनोद : घर सूना-सूना लग रहा है··· **(विनोद की नज़र एक चिट्ठी पर पड़ती है)** किसकी चिट्ठी है ?

नन्दिता : कनाडा से, दीदी की है।

विनोद : क्या लिखा है ?

नन्दिता : उसे कनाडा का मौसम मसूरी के शीतकाल की याद दिलाता है···अपनी फ्रेंड सूजेन के बारे में लिखा है··· **(पत्र देते हुए)** लो पढ़ो न···

विनोद : **(पत्र पढ़ता है)** सूजेन बड़ी मस्त लड़की है, पहला तलाक हो चुका है, दूसरी शादी की है। पहली शादी से दो बच्चे हैं, पति का एक लड़का है और इस शादी से एक बच्ची। सब अच्छी तरह हिलमिल कर रहते हैं···कोई समस्या नहीं है। अपने यहाँ ऐसा कहाँ हो पाता है···।"

(मानो पत्र मोड़ कर रखते हुए)

हाँ, मिल-जुल कर सभी समस्याओं से निबटा जा सकता है··· मुश्किल कुछ भी नहीं···आज कहाँ गई थीं ?

नन्दिता : हम लोग एक अनाथालय गये थे··· बच्चों को कपड़े और किताबें दीं···वहाँ चाइल्ड एडाप्शन सोसाइटी है। प्रापर एडाप्शन के कागज़ बनते हैं···बच्चे गोद लिये जाते हैं··· मैंने एक बच्चे को गोद लिया तो वह मुझ से चिपक गया···

विनोद : शायद आदमी के अंदर कुछ खाली कोने बने रहते हैं जो अपने भराव के लिए किसी संबंध की तलाश में रहते हैं···

(फोन की घंटी बजती है। विनोद उठाता है।)

विनोद : हेलो··· ओ नमस्कार ! **(नन्दिता को फोन देते हुए)** नन्दिता, मिसेज सबरवाल का फोन है···

(नन्दिता फोन लेती है।)

नन्दिता : हेलो··· हाँ कल मीटिंग नहीं हो सकती··· आपको बर्थ डे में जाना है···कोई बात नहीं, परसों रख लेते हैं···ठीक है···

(नन्दिता फोन रखती है)

(दृश्य समाप्त)

(नन्दिता आँगन में आती है, उसे सुखदेव दिखाई देता है)

नन्दिता : सुखदेव ! तुम्हारी बच्ची कैसी है ?

सुखदेव : अरी वो तो जनम की अभागन है···बचेगी थोड़ेइ···

नन्दिता : उसे किसके पास छोड़ के आये हो ?

सुखदेव : धन्नी के पास···

नन्दिता : धन्नी के पास···? वो तो खुद ही बच्ची है···उसे तुम देखा करो···

सुखदेव : धरम से, उसे सँभरता हूँ···गदराई घास पत्तों पर सुलाया,···ऊपर से टाट भी ओढ़ाया पर छोरी सरदी खा ही गई···

नन्दिता : किसी को बुला क्यों नहीं लेते ?

सुखदेव : किसे बोलाऊँ···? यहाँ किसी को अपने से फुरसत नहीं···(ठंडी साँस लेकर) जब भाग ही फूटे हों तो क्या करें···उसके मरन में करजो बेसी हो गया···(दार्शनिक अंदाज में) गरीब के न जलम होता है न मरन···बस एक कारज होता है जिसको सुलटाने के लिए पैसा उगाहना पड़ता है···(उठकर जाते हुए) पुरोहित जी ने दस रुपये दिये हैं···जाऊँ छोरी सुबेरे से भूखी है···

(सुखदेव चला जाता है। तभी फोन की घंटी बजती है। फोन मिसेज सबरवाल का है।)

नन्दिता : हेलो ! मिसेज सबरवाल !

मिसेज सबरवाल : (फोन पर) अरे नन्दिता ! मैंने तो समझा था कोई छोटा-मोटा आयोजन होगा···मगर वहाँ तो···कचौरी, कोफ्ते, मटर-पनीर, दम-आलू···जलेबी, बर्फी, गुलाब जामुन···पहले ठंडा चला फिर गरम सूप···

(जवाब में नन्दिता कुछ भी नहीं कह पाती)

नन्दिता : (संवेदना में डूबी, धीमे स्वर में) हूँ···अच्छा···हूँ··· (नन्दिता फोन रख देती है)

नन्दिता : (स्वगत) एक तरफ आदमी दाने-दाने को मोहताज है और दूसरी तरफ···(ठहर कर)···ये मेरे भीतर क्या हो रहा है ? मैंने जिसे आँख से देखा नहीं वह क्यों पीछा कर रही है···? क्या अनजाने में उसके बारे में कुछ अलग ढंग से सोच रही हूँ···

(बाहर से विनोद आता है)

विनोद : नन्दिता ! कहाँ खोई हो ? क्या बात है ?

नन्दिता : अँ…नहीं…कोई खास बात नहीं, मेरे सिर में थोड़ा दर्द है…

विनोद : अच्छा चाय मंगाता हूँ…

(विनोद अंदर जाकर आता है)

विनोद : क्या सोच रही हो…?

नन्दिता : अँ…कुछ नहीं…सुनो तुम मुझसे नाराज हो ?

विनोद : नहीं…मैंने कभी तुम्हारी किसी बात का बुरा नहीं माना…

नन्दिता : क्यों ?

विनोद : (धीरे से हँसकर) क्योंकि मैं तुमसे प्यार करता हूँ…

नन्दिता : (निर्विकार स्वर में) ये प्यार आखिर होता क्या है ?

विनोद : एक अहसास…अपनी ओर खींच लेने वाला एक अहसास…कहने को भले ही 'प्यार' के सिर्फ ढाई अक्षर हों लेकिन उसका विस्तार पूरे जीवन पर छा जाता है…

नन्दिता : (संकोच से) वि-नो-द…!

विनोद : तुम कहना क्या चाहती हो, नन्दिता ?

नन्दिता : वही तो नहीं बता पा रही हूँ…विधाता से एक सवाल पूछने को जी चाहता है। विधाता ! जिसका ध्वंस करना तुमने तय ही कर रखा है, उसकी सृष्टि ही क्यों की ?…सृजन का इतना छो ा अर्थ कैसे हो सकता है…

(हरिहर आता है)

हरिहर : साहब !

विनोद : क्या है हरिहर ?

हरिहर : साहब, ये आफिस से चिट्ठी आई है…

विनोद : हूँ…क्या है ? (पत्र खोलते हुए)…हूँ…हूँ…(अत्यंत खुशी से) नन्दिता देखो, मेरा प्रमोशन हो गया…ये साथ ही ट्रांसफर आर्डर है…

नन्दिता : (उतनी खुश नहीं हो पाती) कहाँ ट्रांसफर हुआ है ?

विनोद : (बेहद खुश होकर) दिल्ली !…यू मस्ट चीअर अप !…मुझे जल्दी से जल्दी ज्वायन कर लेना चाहिए…अँ…अगले मंगलवार को चल देते हैं…तुम आज से ही सामान बाँधना शुरू कर दो…

(दृश्य समाप्त)

(दिल्ली जाने की पूर्व सन्ध्या है। सारा सामान बंध चुका है।)

विनोद : कल सुबह ही जाना है···सामान बाँध लिया सब ?

नन्दिता : हाँ।

विनोद : सब देख लो एक बार, कुछ छूटा तो नहीं ?···

नन्दिता : (उदास स्वर में) नहीं, छूटने को क्या है ?

विनोद : बार-बार लग रहा है कि कुछ बाकी रह गया···

नन्दिता : टाइम क्या हुआ ?

विनोद : तुम बहुत थक गई हो ! तुमको एक लड़की होती तो बड़ी होकर तुम्हारा हाथ बँटाती···

(विनोद हरिहर को बुलाता है)

विनोद : हरिहर ! सारा सामान गैलरी में रख दो···

हरिहर : जी साहब···

विनोद : पिछले छः दिनों से चली आ रही भाग-दौड़ आज खत्म हो गई···

(विनोद को अहसास होता है कि नन्दिता कुछ ज्यादा ही गंभीर है ।)

विनोद : नन्दिता ! समथिंग रांग ?

नन्दिता : अँ···टाइम क्या हुआ ?

विनोद : बार-बार टाइम क्यों पूछ रही हो ? किसी का इन्तज़ार कर रही हो ?··· क्या है जो तुम चैन से नहीं बैठ पा रही हो ?

नन्दिता : (बात बदल कर) बाहर देखो तो···, आकाश में घने काले बादल छाये हैं···

विनोद : सावन का महीना है···अब बादल तो घिरेंगे ही···(स्वर बदलकर) नन्दिता ! सुनो ! ट्रेन सुबह चार बजे है, स्टेशन यहाँ से दूर है, हम यहाँ से तीन बजे ही चल देंगे···बारिश का हाल देख ही रही हो ··

(दृश्य समाप्त)

(रात के सोने का समय । नन्दिता किसी सोच में डूबी हुई है ।)

विनोद : नन्दिता ! कल रात नींद में तुम बार-बार कुछ कहना चाह रही थीं···तुम्हें इस जगह को छोड़ने का दुःख हो रहा है···? (समझाने के स्वर में) नन्दिता ! हम ट्रांसफर वालों को ऐसी भावुकता में नहीं पड़ना चाहिए···नई जगह नए संबंध बनेंगे···अनुभव का विस्तार होगा···नाऊ रिलेक्स एंड स्लीप वेल ।···दो बजे का अलार्म लगा दिया है न ?

नन्दिता : हाँ···

(धीरे-धीरे विनोद सो जाता है, नन्दिता की आँखों में नींद नहीं है। उसके दिमाग में सुखदेव की नन्ही बच्ची घूम रही है।)

नन्दिता : (स्वगत) मैं बस उसे एक बार देखना भर चाहती हूँ···

(बाहर बादल जोरों से गरज रहा है)

नन्दिता : (बेचैन होकर) मुझ से सांस नहीं ली जा रही···मेरा दम घुट रहा है···

(बाहर जोरों की बारिश हो रही है)

नन्दिता : (स्वगत) विनोद गहरी नींद में सो रहे हैं···(ठहर कर) समय किसी के लिए नहीं ठहरता···

(बाहर बिजली कड़कती है)

नन्दिता : (निर्णय लेते हुए उठ खड़ी होती है) जो भी हो मैंने फैसला कर लिया···

(नन्दिता दरवाजा खोलकर बाहर निकलती है। बाहर झमाझम पानी बरस रहा है। झींगुरों की झनझन की आवाज आ रही है। नन्दिता तेजी से चली जा रही है। उसकी सांस जोर-जोर से चल रही है। वह पूरी तरह भीग गई है। सुखदेव की झोंपड़ी का दरवाजा खटखटाती है।)

नन्दिता : (धीरे से पुकार कर) सुखदेव !···सुखदेव !

सुखदेव : (अंदर से दरवाज़ा खोलते हुए) कौन है ?

नन्दिता : सुखदेव ! मैं···मैं साहब की कोठी से आई हूँ···

सुखदेव : (अत्यंत आश्चर्यचकित होकर) मीम साब !···आप···आप इस अकासतोड़ बरखा में···

नन्दिता : (विनती के स्वर में, स्वर में एक आवेश है, मानो वह एक क्षण भी गँवाना नहीं चाहती)···सुखदेव ! मुझे अपनी बच्ची दे दो···

सुखदेव : (मानो उसे अपने कानों पर विश्वास नहीं होता) क्या ???

(अंदर से शिशु क्रंदन की मद्धिम आवाज आती है। बरसात जोरों से हो रही है।)

नन्दिता : (भावना के प्रवाह में) सुखदेव ! मेरी ममता तड़प रही है··· बच्ची को अपनी औलाद की तरह पालूँगी···तुम से हाथ जोड़ कर विनती करती हूँ···

सुखदेव : (अविश्वास और विश्वास के बीच में) नहीं···नहीं···

नन्दिता : (याचना के स्वर में) मुझे खाली झोली मत लौटाओ···जीवन-भर तुम्हारे गुन गाऊँगी···तुम्हारे आगे बच्ची के लिए हाथ पसारती हूँ···भीख माँगती हूँ···

(सुखदेव कुछ क्षण सोचता है। अंदर जाकर नन्ही बच्ची को पोटली में लपेट कर लाता है।)

सुखदेव : (बच्ची को देते हुए) इसे लेते जाइए मेम साब अपने साथ। इ तो ऐसे भी हमरे पास जिंदा नहीं बचेगी···ऊपर वाले की मर्जी! किस्मत में उमर लिखी हो।

(नन्दिता बच्ची को लेती है। बच्ची को हृदय में सटाते हुए नन्दिता के अभिभूत होने की ध्वनि)

सुखदेव : (भीग स्वर में) मैंने आज क्या कुछ नहीं पा लिया···मेरे सारे दुखों की ताप आपने बुझा दी। मजूरी तो मैं न जाने कब से कर रहा हूँ लेकिन आज भगवान ने मुझे जलम-जलम की मजूरी दे दी···

नन्दिता : (संकोच से) सु ख दे व !

सुखदेव : इंदर देवता गवाह हैं···इस पर अब मेरा कोई जोर-जबर नहीं··· ये आपकी हुई···

(जोर-जोर से पानी बरस रहा है। बच्ची को सीने में सटाये नन्दिता घर पहुँचती है। दरवाज़ा खोलकर बच्ची को बिस्तर पर लिटा कर परम आनंद का अनुभव करती है।)

नन्दिता : (स्वगत) विनोद सो रहे हैं···(धीरे से जगाते हुए) विनोद! विनोद।···

(विनोद जागता है)

नन्दिता : जरा देखो, ये कौन है?

विनोद : (आश्चर्य से) ये···ये···

नन्दिता : इसे मैं पालूंगी···

विनोद : क्या?···तुम सचमुच यह चाहती हो?

नन्दिता : हाँ, इसे मैं करीब रखना चाहती हूँ इतना कि यह मेरे दिल की धड़कन सुन सके··· मेरे रगों में दौड़ते प्यार को महसूस कर सके···

विनोद : (संशय के स्वर में) मगर···

नन्दिता : रुको, मैं जानती हूँ, तुम क्या कहना चाहते हो ? त्याग या अहसान जैसा कुछ भी नहीं···सच कहती हूँ इसके पीछे मन पागल था··· प्यार की प्रबल धारा को मैंने महसूस किया था···उस स्रोत को सूखने नहीं देना चाहती थी···

विनोद : (मानो नन्दिता से न कहकर जीवन-सत्य कहता है) आदमी को पता नहीं रहता है, उसके अंदर क्या-क्या छिपा रहता है और छिपा हुआ किस रूप में फूटेगा···

नन्दिता : विनोद ! तुम इसके पिता होगे न ?

(विनोद मौन है)

बोलो न ?

विनोद : (प्यार से) मेरी नन्दिता ! यह तुम्हारी एक छोटी-सी इच्छा ही तो है। तुम मेरी पत्नी हो, तुम्हारे लिए इतना भी न कर सका तो ऊपर वाले को क्या जवाब दूंगा···?

नन्दिता : कोई पूछेगा तो ?

विनोद : इस रिश्ते के बनने के पीछे किसी को तभी समझ में आ सकता है, जब समझने वाला ठीक उसी बिंदु तक पहुंचे···(ठहर कर) तुम घबराओ नहीं···इसका सुखद भविष्य उतना ही बेदाग होगा जितना वह खुद···(घड़ी देखकर) ओ माई गॉड ! समय देखो, चलो जल्दी करो···, ट्रेन का समय हो गया···

(ट्रेन जाने की आवाज़)

(दृश्य समाप्त)

(फ्लैश बैक समाप्त)

नन्दिता : (स्वगत) दिन पंख लगा कर बीत गये···(दरवाजे पर हल्की-सी आवाज होती है) चिट्ठी···(पत्र उठाते हुए). दीदी की है, कनाडा से···

(विनोद और प्रिया आते हैं।)

प्रिया : (उत्फुल्ल स्वर में) माँ ! हम आ गये···मैं जानती थी कि तुम घबरा रही होगी···

नन्दिता : भीग तो गई हो, जाओ जाकर कपड़े बदल लो···, नहीं तो जुकाम हो जाएगा···

प्रिया : (जाते हुए) अभी आई···

नन्दिता : दीदी की चिट्ठी आई है···

विनोद : क्या लिखा है ?

नन्दिता : पढ़ो न !

विनोद : (पत्र पढ़ता है)···"ऊँ···तुमने प्रिया को बहुत अच्छी तरह से पाला है। सौंदर्य, प्रतिभा और संस्कार की तस्वीर है वह। इसे तुमने लाड़-दुलार में बिगड़ने भी नहीं दिया है। रोहित, मोहित और प्रिया को मेरा ढेर सारा प्यार देना। —तुम्हारी दीदी"

प्रिया : पापा ! माँ ! मैं सबके लिए गरम-गरम चाय बना कर लाती हूँ···पीएँगे न !

विनोद : हाँ बेटी !

सन्दल साँझ

पात्र-परिचय

लता : एम० ए० पास चौबीस-पच्चीस वर्षीय युवती
अजीत : लता का पति, विदेश में कार्यरत
किरण : लता की सहेली
प्रमिला खन्ना : विदेश में बसी एक भारतीय हमदर्द औरत, उम्र लगभग पैंतीस वर्ष
जानकी वल्लभ : विदेश में बसे एक समझदार भारतीय व्यक्ति, उम्र लगभग पैंतालीस वर्ष

(अजीत और लता विदेश में अपने घर में। दोनों के बीच लड़ाई होती है।)

अजीत : **(अत्यधिक क्रोध में)** यह सब क्या है? लता! व्हाट अ गेम आर यू प्लेइंग?

(लता कोई जवाब नहीं देती। अजीत और क्रोधित होता है)

जवाब क्यों नहीं देतीं? मैं तुमसे मुखातिब हूँ।

(लता मौन है।)

गान्धारी धृतराष्ट्र के लिए अन्धी बनी रही, सावित्री सत्यवान को यम के पास से लौटा ले आई और एक तुम हो···

लता : **(उतने ही क्रोध से)** तुम विदेश में रहकर ये बातें कर रहे हो? इतने पढ़े-लिखे होकर सावित्री सत्यवान वाली कहानियों का उदाहरण दे रहे हो?

अजीत : मैंने अपनी अम्मा को कभी कटु से कटु बात का जवाब देते या प्रतिवाद करते नहीं सुना और···

लता : लेकिन किसी भी तरह का अन्याय या अपमान पी जाना मेरे

बस की नहीं, मैं पढ़ी-लिखी हूँ, तुम्हारे दिमाग में पत्नी के लिए सीधी, बुद्धू या गऊ-सी लड़की का जो इमेज है न उसे निकालकर फेंक दो।

अजीत : (बहुत ऊँचे स्वर में) स्टॉप इट !

लता : मुझे यहाँ आना ही नहीं चाहिए था, अब आई हूँ तो अपने को मजबूत बनाऊँगी। मुझे मालूम नहीं कि पहले मैं क्या-क्या सोचा करती थी—अब मुझे लगता है कि मैं एक ही बात सोच सकती हूँ, आत्म-निर्भर होने की।

अजीत : मगर क्यों ?

लता : अब ये जानकर तुम क्या करोगे कि क्यों ? मैंने अपना बायो-डाटा कई जगह भेजा है ···अभी मैं कम्प्यूटर प्रोग्रामिंग सीखूंगी।

अजीत : क्यों ?

लता : यहाँ काम पाने के लिए मुझे अपनी योग्यता बढ़ानी होगी।

अजीत : (व्यंग्य से) इतना कांफिडेंस तुम में है कि यहाँ की परीक्षाएँ पास कर सको !

लता : (आत्म-विश्वास से) हाँ, कांफिडेंस है।

अजीत : (चिढ़कर) कांफिडेंस नहीं, ओवर कांफिडेंस कहो। कांफिडेंस आता है काम से। अनुभव से। ओवर कांफिडेंस का क्या, वो तो बैठे-बिठाये आ जाता है···।

लता : (क्रोध से) क्या कह रहे हो, पूरा आत्मविश्वास है ! उसमें मेरा इंवालमेंट होगा, पढ़ाई शुरू करूँगी तो पूरा भी करूँगी, कल प्रोफेसर सू ने मुझे अपने चेम्बर में बुलाकर कहा···

अजीत : (व्यंग्य से) अच्छा तो इसीलिए कल इतनी देर से घर लौटी थी···

लता : (तिलमिलाकर) कहना क्या चाहते हो ?

अजीत : तुम जानती हो।

लता : अजीत !

अजीत : बहुत हो गया प्रोफेसर सू का बहाना···

लता : बहाना ?

अजीत : और नहीं तो क्या ? एक बात कान खोलकर सुन लो···तुम्हें कोई नौकरी-वौकरी···

लता : तुम मेरे साथ जबरदस्ती नहीं कर सकते।

अजीत : पहले की स्थिति पर तुम्हारा अधिकार था, पर अब तुम्हारे

फैसले पर मेरा अधिकार है···

लता : मैं तुम्हारी पजेशन नहीं, तुम मुझे पजेश नहीं कर सकते।

अजीत : क्यों करोगी नौकरी ? तुम्हें कोई तकलीफ है ?

लता : क्या कोई तकलीफ होगी तभी घर से बाहर निकलूंगी ?

अजीत : शट् अप ! डोंट ट्राय टु बी बोल्ड (जैसे अपने आप से) अपने मन की होती जा रही हो···

लता : यहाँ सभी औरतें काम करती हैं···

अजीत : उनकी बात जुदा है, मुझे यहाँ के लोगों में मूव नहीं करना है।

लता : हाँ, तुम दिन-भर बाहर मजे करो, और···

अजीत : (और उग्र होकर) व्हाट इज दिस फुलिशनेस ! मजे करते रहता तो इतनी डिग्रियाँ मैं नहीं ले सकता था···

लता : इतना चिल्लाते क्यों हो ?

अजीत : (बहुत बिगड़कर) मुझे लेट हो रहा है, मैं जा रहा हूँ···एंड फॉरगेट मी फार एवर···।

(अजीत गुस्से में बाहर निकल जाता है। लता सिसकने लगती है।)

लता : (स्वगत) जीवन के उन सपनों के नीचे कितनी बेजान अनुभव कर रही हूँ···क्या सोचा था और क्या हो गया···

(लता एक टेप चला देती है। टेप पर गजल आता है।)

"आये हैं समझाने लोग,
हैं कितने दिवाने लोग"

(गजल की पंक्तियाँ धीमी पड़ती जाती हैं)

(फ्लैश बैक)

(हिन्दुस्तान में लता और किरण की बातचीत)

किरण : बता न लता ! शादी एकदम से कैसे तै हो गई ?

लता : अजीत ने मुझे मौसी के यहाँ देखा और वहीं पसन्द कर लिया।

किरण : फिर क्या हुआ ?

लता : फिर वे हमारे यहाँ खबर भिजवाये, और उनके यहाँ के सब मुझे देखने भी आ गए।

किरण : (चुहल के अंदाज में) जब देखने आये तो क्या हुआ ?

लता : चाय के बाद भाभी ने हम दोनों को कुछ देर अकेला छोड़

दिया कि बातें करें···

किरण : (हँसकर) तसल्ली कर ली ?

लता : खाक तसल्ली होती है पन्द्रह-बीस मिनट में। जानती हो पहला सवाल क्या पूछे थे ?

किरण : क्या ?

लता : वहाँ उतनी दूर अपने घर-परिवार, परिजनों को छोड़कर मेरे साथ रह सकोगी ?

किरण : क्या जवाब दिया तुमने ?

लता : मैंने कहा तो नहीं, पर सोचा कहूँ कि अगर ऐसा नहीं होता तो शादी के लिए हाँ क्यों करती ?

किरण : विदेश में रहकर लोग बड़े स्पष्टवादी हो जाते हैं।

लता : सात-आठ साल से विदेश में हैं किरण ! पर जरा भी फूँ-फाँ नहीं···

किरण : अब तो तुम मेम साहब बन जाओगी···(**चाहत से**) विदेश में जाने की चाह सभी को होती है, पर तुम्हारे जैसे सब भाग्यशाली कहाँ होते···

लता : (**हँसकर**) ऐसा करो किरण ! तुम सोमवार का व्रत रखो, शिवलिंग पर जल चढ़ाओ। तुम्हें भी···

किरण : (**हँसकर**) माँ कहती हैं मैं थोड़ा मंगली हूँ, मुझे मूँगा पहनना होगा।

(दोनों हँसती हैं।)

मैंने तुम दोनों को उपहार में देने के लिए संदल इत्र लिया है। चंदन की सुगंध से भीगा···

(दोनों फिर हँसती हैं।)

किरण : तुम तो परियों की तरह विदेश में उड़ जाओगी, वहाँ तुमको पूरा फ्रीडम होगा···वहाँ की जिम्मेदारी बस तुम्हारी अपनी जिम्मेदारी होगी। यहाँ तो पारिवारिक रीति-रिवाजों में उलझी रह जाती और अपना करने लायक समय ही नहीं मिल पाता लता !

लता : हूँ···, इसीलिए तो अपनें सारे सर्टिफिकेट्स लिए जा रही हूँ, ये तो अच्छा हुआ कि मेरे एम० ए० करने के बाद अजीत ने देखा···

किरण : (**हँसकर**) नहीं तो एम० ए० रह जाता···

लता : एम० ए० क्यों रह जाता ! शादी रह जाती।

(दोनों हँसती हैं।)

किरण : (हसरत से) वहाँ सब लोग बड़ मजे में रहते हैं। ऐशो-आराम की जिंदगी है। सब चीज साफ-सुथरी सीलबंद। यहाँ तो बिजली, पानी, मच्छर, खाने-पीने की चीजों में मिलावट! समस्या-ही समस्या। यहाँ! आई डोंट लाइक द सिस्टम। वहाँ की घड़ियाँ, छाते, पर्स, डार्क ग्लासेज, कॉसमेटिक्स! मैं तो सभी से शान से कहूँगी मेरी बेस्ट फ्रेंड फारेन में है—वहाँ से रंगीन पोस्टकार्ड भेजना···

लता : भेजूंगी···

(दोनों हँसती हैं।)

(दृश्य परिवर्तन)

(अजीत और लता की विदेश में बातचीत। दोनों हँसते हैं।)

अजीत : तुम्हारे हाथ का चावल और अरहर की दाल खाकर मैं काँटा चम्मच भूल उँगलियाँ चाटने लगा···।

(दोनों हँसते हैं।)

सुनो, कल मेरे लिए आलू के परांठे और परसों भरी कचौरी खाने के लिए बना देना।

लता : यहाँ एंटी कालस्ट्राल का इतना प्रचार हो रहा है और···

अजीत : तुम जब भी तेल लिया करो उस पर 'नो कालस्ट्राल' लिखा हुआ जरूर देख लिया करो।

लता : (हँसकर) अच्छा, अब देख लिया करूँगी।

अजीत : तुम बिल्कुल वैसी ही हो, जैसा मैंने सोचा था···

लता : (प्यार से) हूँ···।

अजीत : लता! तुम बड़ी-सी लाल बिंदी क्यों नहीं लगातीं?

लता : (हँसकर) उसके लिए भौंहें आपस में जुड़ी होनी चाहिए, समझे!

अजीत : समझा! पर तुम पांव में पायल क्यों नहीं पहनतीं?

लता : मुझे चुभता है।

अजीत : (स्वर में परिवर्तन) लता, जल्दी तैयार हो जाओ। तुम्हें अपने सर जानकी वल्लभ दासगुप्ता के यहाँ ले चलते हैं। यहाँ वे कंसलटेंट के पोस्ट पर हैं। नया-नया आया था, तब मैं यहाँ के माहोल में एडजस्ट नहीं कर पा रहा था, सर ने मुझे बहुत हौसला और हिम्मत दिया···, वे बराबर मेरी मुश्किलों को

आसान कर देते हैं··· मैं उनका बहुत रेसपेक्ट करता हूँ।

लता : उनकी वाइफ इंडियन हैं या यहीं की ?

अजीत : (**गंभीर स्वर में**) कभी-कभी इस संसार का रहस्य समझ में नहीं आता। सर इतने सुलझे और समझदार इंसान हैं··· उनकी फर्स्ट वाइफ इंडियन थीं, पता नहीं क्या हुआ वे वापस भारत लौट गईं। दूसरी शादी इन्होंने यहीं की। तीन-चार साल रहे होंगे, फिर डाइवोर्स हो गया। उससे एक लड़का भी है, वह अपनी माँ के साथ रहता है।

लता : उस दिन मुझे वे भी बड़ी अच्छी लगीं।

अजीत : कौन ?

लता : वही जो मिडलैंड कम्पलेक्स में कैंडी स्टोर्स चलाती हैं, जहाँ चॉकलेट, टॉफी वगैरह मिलते हैं।

अजीत : ओह ! मिसेज खन्ना ! प्रमिला खन्ना ! येस ! बहुत अच्छी हैं। उनके हसबेंड और बच्चे भी बहुत अच्छे हैं। उनके यहाँ जाओ तो बड़े प्रेम से भारतीय खाना खिलाती हैं···

लता : अपने घर से हजारों मील दूर किसी अपरिचित का अपने लिए लगाव और अपनापन कितना अच्छा लगता है।

अजीत : यहाँ के भी एक-दो फ्रेंड बड़े अच्छे हैं। तुम्हें डेविड और आइलिन से मिलवाऊँगा··· (**अचानक**) अरे लेट हो रहा है, जल्दी करो···

लता : बस ! झटपट प्लेट, प्याले गरम पानी से धोकर सिंक पर सूखने के लिए रख दूँ। अजीत ! एक नया हूवर ले आओ न ! ये···

अजीत : ओ० के०···ओ० के०···गेट रेडी। (**जैसे खिड़की से बाहर देखते हुए**) इस बार पतझड़ कुछ जल्दी ही आ गया···, बाहर पेड़ों के रंग बदल रहे हैं···।

(**दृश्य समाप्त**)

(**फ्लैश फावंड — टेप पर गजल की अंतिम पंक्तियाँ बज रही हैं।**)

"जान के सब कुछ, कुछ भी न जाने,
हैं कितने अनजाने लोग···"

लता : (**स्वगत**) सब कैसे बदल गया···

(**तभी बाहर का कॉल-बेल बजता है।**)

लता : कौन ? इस वक्त ?

(लता दरवाजा खोलती है।)

लता : (स्वर में हल्की खुशी) नमस्कार !

प्रमिला : पहचाना या नहीं ? मैं प्रमिला खन्ना हूँ···

लता : पहचानूँगी कैसे नहीं भला ! आपके यहाँ के चाकलेट की मिठास अब तक है।

(लता अपने उदास मनोभाव को छिपाती है।)

आइए, बैठिए न !

प्रमिला : पहले अपना कोट और टोपा उतारकर टाँग दूँ। ओह ! क्या ठंड है। धरती बर्फ के नीचे छिप गई है। बाहर कैसा सन्नाटा है। आज स्टोर बंद है। इसलिए तुमसे बातें करने आ गई। अपनों के बीच बैठकर गप्पें मारने का अलग ही सुख है। यहाँ तो लोग दूसरों के सामने खुलते कम हैं।

लता : क्यों ? यहाँ के लोग कम क्यों हँसते-बोलते हैं ?

प्रमिला : कम बोलना भी इनकी संस्कृति का हिस्सा है, अपनी शक्ति को ये व्यर्थ की बातों में बर्बाद नहीं करते।···यों यह अनुभव धीरे-धीरे मुझे भी होने लगा···फिर भी यह चुप्पी अस्वाभाविक तो लगती है···।

लता : पहले आपके लिए गरम-गरम चाय बना लूँ, आप ठण्ड से आई हैं।

प्रमिला : चलो मैं भी चलती हूँ किचेन में।

(दोनों किचेन में आती हैं। लता कुकिंग रेंज पर केतली रखती है।)

लता आप जब पहली बार यहाँ आई थीं, तो आपको कैसा लगा था प्रमिला बहन !

प्रमिला : लता ! क्या बताऊँ, फ्लाइट नम्बर एक सौ दो से इस अजनबी देश में पहुँची···सब बड़ा विचित्र लगा···नया देश, नई भाषा···

लता : आइए, चाय तैयार हो गई।

(दोनों चाय लेकर बैठती हैं।)

प्रमिला : मेरा यहाँ का आरम्भिक अनुभव अच्छा नहीं लता। मेरे हसबैण्ड काम पर चले जाते, मैं घर पर अकेली···, दिमाग में ऊल-जलूल खयालों की अशान्त लहरें उठतीं···, सोचती कुछ, हो कुछ और जाता। दिन में कई बार चाहा अपनी विदेशी पड़ोसिन से मिलूं, अपने मन की तकलीफ कहूं, पर मैं उनके दरवाजे पर नॉक

करने से भी डरती ।

लता : क्या तकलीफ थी आपको ?

प्रमिला : हूँ···, साफ-साफ तो मुझे खुद पता नहीं था, पर अब लगता है वह तकलीफ स्वप्नभंग की थी···, आने से पहले सोचा था वहाँ सुख-समृद्धि का भोग करूँगी, सैर-सपाटे करूँगी और···

लता : और क्या ?

प्रमिला : और इनका रुख भी कुछ अजीब था। ये मुझे चाहते थे···, लेकिन रोमाण्टिक तरीके से तो बिलकुल नहीं···(खुद हँस पड़ी) बात ऊपरी तौर पर भले मामूली हो, पर भीतर ही भीतर मैं तार-तार हो जाती···बात-बात पर इनसे लड़ाई हो जाती। पढ़ी-लिखी थी, पर जिन्दगी के क्रोध, स्नेह और उलझनों के चक्रवात से निपटने की शिक्षा तो दी ही नहीं गई थी।

(यही सब कुछ लता के साथ घटित हो रहा था। वह उत्सुकतापूर्वक प्रमिला की बातें सुनने लगी।)

लता : ये तो आपकी, आपके हसबैण्ड और बच्चों की, आपके घर रखने के तरीके की, बहुत प्रेज करते हैं। फिर कैसे हुआ···?

प्रमिला : अपने-आप नहीं हुआ लता ! करना पड़ा। सुन्दर घर बना-बनाया नहीं मिलता, उसे बनाना पड़ता है। सुख की घड़ियों को साकार करने के लिए त्याग, धैर्य और आत्म-विश्वास की जरूरत होती है···(विगत में खोकर) लेकिन तब इन बातों को कहाँ जानती थी···। ये शायद ऐसी वाइफ चाहते थे जो उनकी हर बात माने, जो पूरी तरह उनके काबू में रहे, पर स्मार्ट भी खूब हो—घर-बाहर का काम चुस्ती-फुर्ती से करे···; अब ये दोनों बातें विरोधी हैं न ! यहाँ आकर आदमी एक पल तो बीबी को पश्चिमी मापदंड से नापता है और दूसरे पल पारम्परिक हिन्दुस्तानी गृहिणी के रूप में। अब ऐसे में एक अबोध लड़की क्या करे ?

लता : (उत्सुकतापूर्वक) तब ? तब क्या किया ?

प्रमिला : (जैसे अपने-आप से) अरे ये मंजर भी बहुत बाद में पता चलता है···

लता : (अधीरतापूर्वक) फिर क्या किया आपने ?

प्रमिला : मैं तब धाराप्रवाह अंग्रेजी भी नहीं बोल पाती थी। उन्हीं दिनों मेरा यहाँ के 'टेकनीकल कॉलेज' में छात्रवृत्ति के साथ अंग्रेजी अध्ययन में सेलेक्शन हो गया—और वहीं मिली मुझे सूजेन

अपने लिए उसकी नीली आँखों में जो प्रेम देखा, उसे देखकर लगा कि भाषा, धर्म, देश से परे भी एक चीज है—मानवीय प्रेम। (खोकर) सच ! उसने मुझे टूटने से बचा लिया···न जाने उसमें क्या जादू था··· एक दिन आत्मीयता के क्षणों में मैं अपने को रोक न सकी···उसे सब कह दिया और फूट-फूटकर रो पड़ी। बड़े प्यार से उसने कहा, "नो, नो, डोंट वरी माई डियर ! यू मस्ट चीअर अप ! देखो परेशान मत हो, ऐसे रोने से क्या होगा ? तुम्हारा हेल्थ ही बिगड़ेगा न !

लता : फिर ?

प्रमिला : सूजेन ने कहा या तो परिस्थिति से समझौता कर लो और उसी में जीओ या इस रिश्ते से उबर जाओ, अपने दोस्त बनाओ, अपनी जिन्दगी जिओ।

लता : तब ?

प्रमिला : इनमें दोनों सम्भव नहीं था। फिर सूजेन ने कहा कि तुम वापस इण्डिया लौट जाओ। अब उसे कैसे समझाती कि वहाँ ब्याह दी गई लड़की का स्थान कहाँ होता है ?···

···एक दिन वह मुझे एक साइकेट्रिस्ट के पास ले गई, उस दिन की याद से आज भी दहशत होती है···

लता : क्यों ?

प्रमिला : (खौफ-भरे अन्दाज में) एक अंधेरी गुफा-सा कमरा था, चारों तरफ बिल्लियों की बड़ी-बड़ी तस्वीरें···, कमरे में बस एक टिमटिमाती रोशनी थी। वहाँ से लौटी तो और बीमार हो गई···

लता : फिर ? कैसे ठीक हुआ सब ?

प्रमिला : जिन्दगी में बिखराव के जितने बहाने हैं, उतने जुड़ाव के भी हैं। सूजेन से लम्बी बातचीत होती, वह अपने तीसरे पति के साथ रह रही थी, और आत्मनिर्भर थी। पर कहती, वेस्ट में अगर नारी स्वतन्त्र हुई तो उसकी कीमत भी चुकानी पड़ी है, परिवार टूटे, बच्चों को तकलीफ हुई, किसी को भी तो खुशी नहीं मिली। स्त्री अगर एक गृहिणी की, पत्नी की, माँ की भूमिका निभाती है तो इसमें उसका भी लाभ है···

लता : (कुछ नये अहसास के साथ) ये सब सुनना बड़ा नया-नया लग रहा है···

प्रमिला : हाँ, मुझे भी लगा था। मैंने सूजेन से कहा लेकिन इसके

स्त्री की अपनी इच्छा होनी चाहिए···स्त्री जबरदस्ती इस भूमिका को निभाएगी तो कुण्ठित हो जाएगी···और तब ऐसे में अपने कर्त्तव्यों को कैसे निभा पाएगी।···तब सूजेन ने कहा, हाँ, सो तो है। पर स्त्री को सदा गढ़ना चाहिए, रचना चाहिए, क्यों जरा-सी ईगो के लिए अच्छी-खासी जिन्दगी बर्बाद करे— अगर तुम सचमुच किसी से प्यार करती हो तो उसे उसकी सारी कमजोरियों और कमियों के साथ प्यार करो।···स्त्री पुरुष से जितना प्यार करेगी, अपने जीवन को वह उतना ही सहज और स्वाभाविक पाएगी, उसमें उतनी मिठास और लय भर जाएगी···और पुरुष भी उसके बदौलत अपने को भरा हुआ अनुभव करेगा और इस तरह जीवन सन्तुलित होगा···

लता : (जैसे इन बातों से सहमत हो रही हैं) हूँ···।

प्रमिला : धीरे-धीरे मुझ में एक नये किस्म की समझदारी आने लगी। मैं समझने लगी कि नारी के लिए एक इंटिगरेटेड पर्सनेलिटी होना जरूरी है, और इसके लिए बैलेंसिग एक्ट सीखना पड़ता है।

लता : बैलेंसिंग एक्ट ?

प्रमिला : हाँ लता, बैलेंसिग एक्ट ! यानी सन्तुलन। अपनी संस्कृति और धर्म को बनाये रखते हुए इनके समाज की अच्छी-से-अच्छी बातों को अपनाएँ···(अपने में खोकर) यहाँ इतने साल हो गए, इन सालों में मैंने बहुत कुछ पाया, और बहुत कुछ खोया है··· (अंदाज बदलकर) पर ये जद्दोजहद तो हर विदेश में आने वाले को उठानी पड़ती है···(अचानक घड़ी देखकर) माई गॉड ! तुम्हारे क्लॉक में तीन बज गए। बातों-बातों में वक्त का पता ही न चला···

लता : (प्यार-भरे आग्रह से) अब खाकर जाइए···

प्रमिला : फिर कभी बहन ! आज तो अपनी दास्तान सुनाकर बोर किया···

लता : नहीं, नहीं, आपसे बात करके लग रहा है कि किसी अज्ञात अन्धकार से निकली हूँ···।

प्रमिला : चलूँ ! अजीत से कहना इस वीक एण्ड पर मैंने तुम दोनों को इनवाइट किया है···उसके लिए आलू के पराठे बनाऊँगी···

(दोनों हँसती हैं)

ओ०के० बॉय !

(**प्रमिला का प्रस्थान**)

लता : (स्वगत) कितने दिन हो गए किरण को पत्र लिखे…

(ऐसी ध्वनि मानो लता किरण को पत्र लिख रही हो। पत्र लिखकर लता पढ़ती है)

प्रिय किरण,

प्यार।

तुम्हें बहुत दिनों के बाद पत्र लिख रही हूँ। इसका ये मतलब नहीं कि तुम्हें याद नहीं करती। याद तो उसे करते हैं, जिसे हम भूल जाते हैं। यहाँ तो लगता है जिस्म यहाँ है और दिल मुल्क में छोड़ आए हैं। अपने देश की हर बात मिस करती हूँ।

तुम मेरी अंतरंग सहेली हो, तुमसे अपने मन की कहकर हल्का हो जाना चाहती हूँ। यहाँ सब कुछ वैसा नहीं है, जैसा मैंने कल्पना की थी। विदेश में बसा आदमी यहाँ के हर पल बदलते कानून, नये समाज और संस्कृति से जूझता रहता है। यह सोचा हुआ नहीं होता तो निराशा होती है।

मैं यहाँ के मौसम से भी बहुत दुःखी हूँ। धूप देखने को तरस जाती हूँ। यहाँ कोई सोशल लाइफ नहीं है। अजीब-सी उदासी मन को घेरे रहती। मैं बहुत चिड़चिड़ी होती चली गई। खुद लगता, हे भगवान ! ये मुझे क्या हो गया ?

लेकिन आज़ मेरी सारी घुटन और कुण्ठाओं का अन्त हो गया। कभी-कभी जीवन-सत्य का साक्षात्कार अनायास ही हो जाता है। जिस प्रेम-तत्त्व की मीमांसा बड़े-बड़े ज्ञानी और धर्म-पुस्तक करते हैं वह कब, किसके द्वारा प्राप्त हो जाता है, ये कोई नहीं जानता !

आज मेरे यहाँ प्रमिला खन्ना आई थीं, जिनके लिए मैंने तुम्हें लिखा भी था। उनकी कहानी सुनकर लगा कि वे मेरी कहानी कह रही हैं। उनकी बातों से मैंने बहुत कुछ सीखा और समझा।

आज सुबह अजीत को मैंने बहुत गुस्से में घर से विदा किया है। पर अभी उन पर बेहद प्यार आ रहा है। मैं अजीत के लिए सजने-संवरने जा रही हूँ। उनके स्वागत के लिए तैयारियाँ करने जा रही हूँ। इस प्यार की घड़ी में तुम्हारा दिया संदल इत्र भी लगाऊँगी।

जवाब जल्दी देना।

तुम्हारी लता

(लता कोई गीत गुनगुनाती है)

(दृश्य समाप्त)

(अजीत अपने सर जानकी वल्लभ के घर पहुँचता है।)

अजीत : गुड इवनिंग सर ! मे आइ ज्वाइन यू !

जानकी वल्लभ : (स्वर में स्नेह-भरा स्वागत) ओ येस अजीत ! ह्वाइ नॉट ?

अजीत : मैंने आपको डिस्टर्ब तो नहीं किया सर !

जानकी वल्लभ : नहीं दोस्त ! ये जानकी वल्लभ दासगुप्ता एक किताब पढ़ रहा था···(थोड़ा हँसकर) और शेरी पी रहा था···आज बहुत तेज़ बर्फ़ पड़ी है···

(अजीत खामोश है)

तुम ! परेशान हो क्या ? क्या हो गया ?

(अजीत जवाब नहीं देता)

कुछ बताओ कि पता चले···।

अजीत : छुट्टी होते सीधे आपके पास आ रहा हूँ सर !

जानकी वल्लभ : (कुछ गम्भीर होकर) हूँ···, वो तो मैं देख रहा हूँ, घर पर सब ठीक तो है न ?

अजीत : (टूटे स्वर में) कहाँ पर कौन-सा गणित गलत हो गया सर ! नहीं जानता···। मैंने तो एक व्यवस्थित जिन्दगी चाही थी, व्यवस्थित, सुन्दर और सुखद।

जानकी वल्लभ : (गम्भीरता से) किसी बात को बढ़ाकर देखने की प्रवृत्ति है तुम में···, साफ-साफ कहो।

अजीत : (दुःखी स्वर में) मैं लता से अलग होना चाहता हूँ।

जानकी वल्लभ : (अत्यन्त आश्चर्य से) क्या ?

अजीत : (गम्भीरता से) हाँ।

जानकी वल्लभ : कोई खोट है उसमें ? या लता के बारे में कोई ऐसी-वैसी बात का पता···

अजीत : (बीच ही में) नहीं सर ! वैसी बात नहीं।

जानकी वल्लभ : तो क्या ऐब है उसमें ?

अजीत (आवेश में) वह समझती है मानो कुबेर की चाभी हो विदेश में। खुद अपनी पढ़ाई पूरी करने के लिए मैंने क्या-क्या नहीं सहा ? दिन में एक वक्त का भोजन मिल पाता था, वह भी इसलिए कि स्कॉलरशिप मिला करती थी···सोचा था लता

मेरा ख्याल रखेगी···मुझे···

जानकी वल्लभ : तुमने सोचा कि तुम्हें वैसी ही मिलेगी, जैसा तुमने सोचा था, देन यू आर सैडली मिस्टेकन ! मैंने जन्माष्टमी के दिन लता को देखा···इतनी तब्दीली आ गई···फर्स्ट टाइम यहाँ आई थी तो बहुत प्रसन्नचित्त लगी थी मुझे···

अजीत : नहीं सर ! उसका नेचर···

जानकी वल्लभ : मैं तुम्हारा नेचर जानता हूँ अजीत। खुद को तकलीफ देना तुम्हें अच्छा लगता है, खुद को और उन्हें जो तुम्हें सुखी देखना चाहते हैं···

अजीत : डोंट नो सर ! पर अब मैंने अलग होने का सोच लिया है···

जानकी वल्लभ : **(अधिकारपूर्वक डाँटते हुए, किन्तु डाँट में लगाव का भी स्पर्श है)** अलग हो रहे हो ? बिना किसी ठोस कारण के ? परिणाम की परवाह किये बगैर ?

(अजीत खामोश है।)

जो सलूक एनी ने तुम्हारे साथ किया वही इतिहास क्या तुम लता के साथ दुहराना चाहते हो ? एनी का बदला लता से लेना चाहते हो ? अविश्वास तुम्हारी प्रकृति बन गई है और इस वजह से शक और गुस्सा करते हो।

अजीत : सर ! उसने यहां की दुनिया देखी नहीं, मैं बताना···

जानकी वल्लभ : **(उसी तरह बिगड़कर)** उसे क्या पाना है, कैसे पाना है, कितना पाना है, यह सब तुम तै करोगे ?

अजीत : मैंने उसे स्नेह दिया···

जानकी वल्लभ : नहीं ! तुम्हारे स्नेह का आधार प्रेम नहीं, दया और कृपा थी। तुम मनोवैज्ञानिक बुखार के शिकार हो रहे हो···**(अचानक)** अरे तुम कुछ ले नहीं रहे, ये नट्स लो न ! ठहरो, मैं तुम्हारे लिए सैंडविच बनाकर लाता हूँ। ऑफिस से सीधे यहीं आए हो, भूख तो लगी होगी।

अजीत : नहीं सर ! बिल्कुल भूख नहीं, मैं बहुत डिप्रेस्ड हूँ !

जानकी वल्लभ : **(स्वर में परिवर्तन, स्नेह के साथ)** जब अपना आदर्श टूटता है तो निराशा होती है, खासकर वह आदर्श जब नारी के साथ जुड़ा हो। शायद यह हम प्रवासियों की नियति है···अपनी जमीन छोड़ देने का दुःख और कटाव···हम वहाँ की हर बात को रोमांटिक तरीके से देखते हैं···

अजीत : लता ने इन दिनों ज़िंदगी नर्क बना दी है, वह नौकरी करना

चाहती है, आत्म-निर्भर होना···

जानकी वल्लभ : इसमें तो कोई बुराई नहीं। आर्थिक आत्म-निर्भरता किसी भी स्वतंत्रता की पहली शर्त है···

अजीत : मैं कमाता हूँ···

जानकी वल्लभ : तुम्हारी वही पुरानी वैल्यूज़ हैं। अब सब बदल रहा है। भारत में भी औरतें पुरुष की छाया में रहना अपनी नियति नहीं समझतीं। औरत की दुनिया में बहुत नया दाखिल हुआ है··· जानते हो अजीत! औरत जीवन को दर्शक की भाँति तटस्थ भाव से नहीं देखती, पूरी तरह से उसे जीती है, उसका उपयोग करती है।

अजीत : मानता हूँ सर! पर ये तो मानते हैं कि औरत को नम्र और दयालु होना चाहिए···

जानकी वल्लभ : तुम जिस नम्रता की बात कर रहे हो, वह नम्रता नहीं। तुम चाहते हो कि औरत को हेल्पलेस होना चाहिए ताकि तुम उस पर कृपा कर सको···

(अजीत एक क्षण को सकपकाता है, पुनः सँभल जाता है।)

अजीत : अँ··· हँ··· लेकिन उसके तेवर बहुत आक्रामक होते हैं, मेरे सेंटिमेंट्स···

जानकी वल्लभ : यह आक्रामकता भी जरूरी है। सदियों की खड़ी दीवारों को गिराने के लिए यह आक्रामकता जरूरी है और सेंटिमेंट्स और सेंटीमेंटालिटी में फर्क होता है··· (समझाते हुए) तुमने यहाँ से पी० जी० किया है, डाक्टरेट लिया है·· ये समझो! विवाह के बाद दो व्यक्ति अपने-अपने क्षेत्रों में विकास करते हुए साथ-साथ जीते हैं···

(पलभर का मौन)

(फिर कुछ ऐसी संगीत-ध्वनि मानो अजीत को अपनी भूल का अहसास हो रहा है।)

अजीत : आपसे बातें करने पर पिछले दिनों से जो ज्वार उबल रहा था, शांत हो रहा है···

जानकी वल्लभ : ठंडे दिमाग से काम लो अजीत! हमारी संस्कृति में तो नारी को सम्मान देने पर पूरा बल है। और इसीलिए सभी धार्मिक, सामाजिक उत्सवों में नारी को आगे रखने का विधान है। जानते हो, मेरी माँ जितनी उदार थी उतनी ही दबंग!

(हँसकर) अच्छों-अच्छों का पसीना छूट जाता था उसके सामने (ठहरकर) लता को समझने की कोशिश करो··· वह बड़ी भली लड़की है।

अजीत : (पश्चात्ताप के स्वर में) बनने वाली बात को भी मैं बिगाड़ चुका हूँ सर !

जानकी वल्लभ : (बड़प्पन से) कुछ भी नहीं बिगड़ा अभी।

अजीत : लगता है पागलपन में बड़ी गलती हो गई मुझसे···

जानकी वल्लभ : (हँसकर) पागलपन में तो किए गए कत्ल की भी सजा नहीं मिलती, और ये तो···

(अजीत मानो मुस्कुराता है।)

ये हुई न बात ! लाफ एंड द वर्ल्ड विल लाफ विथ यू फ्राय एंड ···गुड लक ! (स्वर में अत्यधिक लगाव) जाओ, देर हो रही है···लता तुम्हारे लिए परेशान हो रही होगी···!

अजीत : (स्वर में उल्लास का स्पर्श) वेल ! गुड नाइट सर ! इस सन्डे को लता के साथ आपके यहाँ आऊँगा···।

(अजीत का प्रस्थान)

(लता अपने घर पर टेप पर वही गजल सुनती है। काल-बेल बजता है। लता दरवाजा खोलती है।)

लता : (अत्यन्त प्रेम से) इतनी देर कहाँ कर दी···यहाँ मैं कितनी···

(अजीत चुप है।)

कुछ कहते क्यों नहीं ? मैंने कह दिया, तुमने सुन लिया, यही सच हो गया ? इससे क्या हमारा सारा नेह-प्रेम झूठ पड़ गया ?

(अजीत मानो बाँहों में लता को लेता है।)

लता : अरे रे·· ये क्या ?

अजीत : (जैसे बिल्कुल पास आकर) पहले बताओ, मुझसे नाराज तो नहीं ?

लता : (प्यार से) ऊँ हूँ···(नहीं)

अजीत : (भावविभोर होकर) तुम्हारे बदन की ये सुगन्ध ! लगता है किसी सुन्दर घाटी से उठकर हमारे घर उतरी है ये सन्दल साँझ।

□□